ÖSTERREICHS IMPERIALE KÜCHE

Vollständige Verlagsausgabe 2021
Hubert Krenn VerlagsgesmbH, www.hubertkrenn.at
in Kooperation mit der Schloß Schönbrunn Kultur- u.
Betriebsges.m.b.H., Wien

Rezepte: Redaktion buchkonzept e.U., Wien
Kulturhistorische Beiträge: Schloß Schönbrunn,
Kultur- und Betriebsgesellschaft m.b.H., 1130 Wien

Speisenfotografie: Emma Braun
Lektorat und Korrektorat: MMag. Alexander Sprung
Grafik: Corinna Öhler, Emima Miriam Ilie

Das Bildmaterial für die kulturhistorischen Beiträge
wurde von der Schloß Schönbrunn Kultur- u.
Betriebsges.m.b.H. zur Verfügung gestellt.

Wir bedanken uns für die Bereitstellung des historischen
Porzellans bei: Mariella Meinl, Dr. Homa Jordis,
J. & L. LOBMEYR Glas, www.lobmeyr.at

© 2021 by buchkonzept e.U., Wien

ISBN 978-3-99005-359-1
Printed in EU
Auflage 1 2021

Wenn nicht anders angegeben, gelten die Rezepte für 4 Portionen.

ABKÜRZUNGEN

kg	Kilogramm	TL	Teelöffel
g	Gramm	KL	Kaffeelöffel
l	Liter	Pkg.	Packung
cl	Zentiliter	Stk.	Stück
ml	Milliliter	Msp.	Messerspitze
EL	Esslöffel	Bd.	Bund

ÖSTERREICHS IMPERIALE KÜCHE

Inhaltsverzeichnis

Kaiserliche Tafelkultur

AUTORIN: ELFRIEDE IBY

Spätestens seit dem Ende des 17. Jahrhunderts hatte das Tafeln an den europäischen Höfen den Rang eines Staatsaktes, durch dessen Rituale und Zeremonien die Macht und die Würde eines Herrschers vor Augen geführt werden sollten. Zur größtmöglichen Repräsentation zählte die kostbar geschmückte Tafel mit Tafelgerät, Tafelzier und Speisen. Pomp, Pracht und Glamour dominierten die höfischen Feste, deren Höhepunkt in der Regel das opulente Bankett bildete.

Die Tafelkultur des Wiener Hofes war weit über die Grenzen des habsburgischen Reiches hinaus berühmt. Bei den zahlreichen und unterschiedlichsten Anlässen wurden *Schautafeln* inszeniert, bei denen lediglich die *Allerhöchsten Mitglieder* der kaiserlichen Familie an der

Serviettenskulptur in Form eines Tischbrunnens, nach barockem Vorbild gefaltet von Joan Salas

© Schloß Schönbrunn Kultur- und Betriebsges.m.b.H. / Fotograf: Joan Salas

Die kaiserliche Familie umgeben von höfischen Würdenträgern an der Tafel.
Detail aus dem Gemälde „Souper im Großen Redoutensaal der Wiener Hofburg"
aus dem Bilderzyklus zur Hochzeit von Erzherzog Joseph mit Isabella von
Bourbon-Parma im Zeremoniensaal von Schloss Schönbrunn.
Ölgemälde von Martin van Meytens d. J. und Werkstatt, 1760/63

Tafel ihrem Rang gemäß Platz nehmen durften.
Das Auftragen der Speisen, das Aufsetzen der
Schüsseln auf die Tafeln, das Vorschneiden
und das Präsentieren der Getränke wurden
als Ehrendienste von adeligen Würdenträgern
ausgeführt. Rund um dieses Szenarium dräng-
ten sich die Zuschauer. Der Hofstaat, der
diplomatische Korps und auch hochgestellte
Gäste betrachteten es als Ehre, den hohen
Herrschaften beim Bankett ihre Aufwartung
zu machen. Bei Anlässen wie Namens- und
Geburtstagen sowie an hohen kirchlichen
Feiertagen wurden auch öffentliche Tafeln
gehalten, bei denen man allen „ehrsamen"
Bürgern den Zutritt gewährte. Sehen und ge-
sehen werden war der zentrale Inhalt dieser
Zeremonientafeln, das Bankett der politische
Schauplatz, ein *Theatrum*, auf dessen Bühne
sich die Tafelgesellschaft der Welt präsentierte.

Die Tafel selbst wurde wie ein Bühnenstück
inszeniert, bei der alle „Akteure" einen nach-
haltigen Eindruck von der Macht und dem
Reichtum eines Fürsten hinterlassen sollten:
Galanteriespeisen – Schaugerichte aus Zucker,
Tragant und Marzipan –, die allegorische
Szenen mit antiken Gottheiten vorführten,
mächtige Suppenschüsseln und pompöse
Tafelaufsätze. Die Galanteriespeisen wurden
ab der Mitte des 18. Jahrhunderts durch
Porzellanfiguren ersetzt.

Für solche „Bühnen" konnte sich auch die
Kunst der Serviettenbrechung auf höchstem
Niveau entfalten und aus den Tafeltüchern
wurden vielfältige, meist von der Natur inspi-
rierte Formen nachgebildet.

Weißer Damast und bunte Blüten

AUTORIN: BIRGIT SCHMIDT-MESSNER

Eine kaiserliche Tafel, geschmückt mit glänzendem Silber, zartem Porzellan, schimmerndem Glas und üppigen Blumenbouquets, erfuhr durch die Verwendung kostbarer Wäsche eine besondere Wirkung. Die Traditionen, einen einfach konstruierten Tisch durch Stoff zu bedecken, damit gleichzeitig die Kleidung zu schützen, die Hände vor dem Mahl mit einem Tuch zu reinigen und den Mund mit einer Serviette zu säubern, reichen weit zurück und

verfeinerten sich über die Jahrhunderte. So wurden übereinander gelegte Tischdecken mit jedem Gang der Mahlzeit ebenfalls abgetragen, um die Tafel sauber zu halten. Tauschte man dabei auch die Servietten aus, so galt dies als überaus verschwenderisch.

Die Tischtafeltücher und die Servietten sollten aus dem gleichen Stoff gearbeitet sein, dieser wurde in komplizierter Webtechnik hergestellt,

Verschiedene Wäschestücke, gefaltete Servietten
und Wäschestempel aus den Beständen der
ehemaligen Hofwäschekammer

© Bundesmobilienverwaltung
Sammlung Bundesmobilienverwaltung, Standort Silberkammer,
Hofburg Wien

Detail einer Tafelserviette aus Leinendamast
mit Wappen der Dynastie Habsburg-Lothringen

© Bundesmobilienverwaltung
Standort Silberkammer, Hofburg Wien

wobei sich die kostbaren Seiden- und Leinen-
damaste besonderer Beliebtheit erfreuten. Die
Stoffe wiesen eine Fülle von in gleicher Farbe
eingewebten Motiven – Blumen, Ornamente
oder geometrische Dekorationen – auf, die als
glänzende und matte Bereiche, je nach Einfall
des Lichtes, zur Geltung kamen. Die Tischwäsche des kaiserlichen Hofes war an den Initialen
des regierenden Kaisers, der Kaiserkrone, dem
Wappen und dem Doppeladler zu erkennen. So
fand sich während der Regentschaft von Kaiser
Franz Joseph sein persönliches Motto „Viribus
unitis" im Hofdamast, in die Tafeltücher des
Seereise-Services der Kaiserin Elisabeth war
ein Delphin mit der Kaiserkrone eingewebt.

Mit dem 17. Jahrhundert wurden die kulti-
vierten Tafeln der europäischen Höfe durch
Dekorationen mit gefalteten Servietten berei-
chert. Die aufwändige Kunst des „Servietten-
brechens" ließ phantasievolle Kreationen aus
Damast entstehen, deren Anleitungen bis heute erhalten geblieben sind. Am Wiener Hof lag
das Falten der Servietten in der Verantwortung
des Tafeldeckers. Die Oberhofwäschmeisterin
leitete die Hof-Wäschekammer, in der zusätz-
lich zu der kostbaren Tafelwäsche auch die
Küchen-, Bett- und Badewäsche sowie

Vorhänge verwaltet wurden. Verschiedene
Wäschestempel dienten der Zuordnung der
ca. 65.000 Wäschestücke des Wiener Hofes.

Der Blumenschmuck auf den kaiserlichen Tafeln
bot als bunter Kontrast zum weißen Damast der
Tischtücher einen außergewöhnlichen Anblick.
In den kostbaren Aufsätzen, Jardinieren und
Vasen arrangierte man mit Vorliebe Blumen, die
in den Gewächshäusern von Schloss Belvedere
und Schloss Augarten gezüchtet wurden.
Besondere Aufmerksamkeit erregten kostbare
Orchideenblüten, die in Schönbrunn wuchsen.
Dort befand sich um 1900 die europaweit
größte Sammlung dieser zarten, exotischen und
farbenfrohen Gewächse.

Die Hofküche –
wenn der Kaiser zu Tisch bittet

AUTOR: MARTIN MUTSCHLECHNER

Franz Josephs persönliche Ansprüche waren, was das Essen betrifft, nicht besonders hoch, seine Vorliebe für gekochtes Rindfleisch („Tafelspitz") ist legendär. Dennoch war die Hofküche ein gastronomischer Spitzenbetrieb: Denn wenn der Kaiser zu Tisch bat, mussten die Qualität der Speisen, der Tischschmuck und der Service den höchsten Ansprüchen gerecht werden.

An der Spitze der Organisation der Hofküche stand der Oberstküchenmeister.

Dieser Spitzenposten im Hofstaat, für den eine hochadelige Geburt Voraussetzung war, bildete das Verbindungsglied zwischen dem Monarchen als oberstem Dienstherrn und den unterschiedlichen Abteilungen der Hofküche.

Die administrative Leitung oblag dem Hofkontrolloramt, dessen Kernaufgabe es war, strenge Kontrollen durchzuführen, um Unterschleif zu unterbinden und trotz hoher Qualitätsansprüche die Kosten im Auge zu behalten.

Die Hofküche selbst wurde von den Chefköchen geleitet, die zwei Tage im Voraus die Speisezettel erstellten, welche dem Kaiser zur Kontrolle oder für etwaige Abänderungen vorgelegt wurden. Danach wurde je nach der Anzahl der zu verköstigenden Personen die Mengen der Zutaten errechnet und vom sogenannten Hofzehrgaden ausgegeben, der für die Anschaffung und Lagerung der Lebensmittel zuständig war.

Die Hofküche umfasste verschiedene Küchenbereiche für die Zubereitung von Fleisch, kalten Gerichten und Mehlspeisen. Hier taten insgesamt an die dreißig Angestellte ihren Dienst. Die fertigen Speisen wurden vom Chefkoch verkostet, bevor man sie dem Servierpersonal für den Transport zur Tafel übergab. Die Küchen lagen oft abseits der kaiserlichen Appartements, um die Lärm- und Geruchsbelästigung, die mit dem Betrieb einer Großküche verbunden ist, zu vermeiden. Die Speisen wurden dann in Warmekisten, den sogenannten Werkeln, zur Tafel getragen. Bei größeren Tafeln waren bis zu fünfzig dieser Transportkisten in Gebrauch.

In enger Verbindung mit der Hofküche arbeiteten eigenständige Abteilungen wie die Hofzuckerbäckerei, welche Konfekt, warme Getränke aber auch Limonade und Gefrorenes produzierte. In deren Zuständigkeit fiel auch die Zubereitung des Frühstücks für die kaiserliche Familie sowie die Bereitstellung von Tafelobst. Der Hofkeller mit seinen 15 Angestellten war für die Getränke und zugleich auch für die Tafelgläser zuständig. In der Hofsilber- und Tafelkammer kümmerte sich ein Stab von 19 Personen um das Tafelgeschirr und auch die Bedienung an der Tafel. Die Hofwäschekammer wiederum hatte die Tischwäsche bereitzustellen. Viele Hände mussten mit anfassen, bis die kaiserliche Tafel in vollem Glanz erstrahlen konnte.

In der Hofküche. Illustration nach
Zeichnung von Theo Zasche, 1898

© Schloß Schönbrunn Kultur- und Be-
triebsges.m.b.H. / Fotograf: Sascha Rieger

Speisenbeförderung in der Kaiservilla in Bad Ischl.
Illustration nach Zeichnung von Artúr Halmi, 1898

© Schloß Schönbrunn Kultur- und Betriebsges.m.b.H. /
Fotograf: Sascha Rieger

Über die Hofzuckerbäckerei und die „Viennoiserien"

AUTORIN: BIRGIT SCHMIDT-MESSNER

„Altfranzösischer Tafelaufsatz" Kompottschalen
aus vergoldeter Bronze und Glas. Paris, 1838

© Bundesmobilienverwaltung
Sammlung Bundesmobilienverwaltung,
Standort Silberkammer, Hofburg Wien /
Fotografin: Marianne Haller

Am Wiener Hof nahm die Geschichte der Zuckerbäckerei im 16. Jahrhundert ihren Anfang,
als Kaiser Ferdinand I. eine „Hof-Compostrey"
einrichten ließ, um aus Früchten Konfitüren
und Säfte herstellen zu lassen. „Zuggermacher",
Zuckerbläser und Konditoren kreierten Süßigkeiten und mit dem Bekanntwerden von Kakao
in Europa delektierte man sich an Schokolade.
Die Zuckerbäckereien waren stets der krönen-
de Abschluss eines Mahles.

Utensilien aus der Hofzuckerbäckerei (u.a. Schneekessel,
Eis- und Bisquitformen), die heute in der Schausammlung
der Silberkammer in der Wiener Hofburg ausgestellt sind.

© Bundesmobilienverwaltung
Sammlung Bundesmobilienverwaltung, Standort Silberkammer,
Hofburg Wien

Aufgrund der hohen Kosten der Herstellung
von Zuckerbäckereien kaufte der Wiener Hof
das Konfekt und die Süßigkeiten auch bei
Hoflieferanten. Die Gepflogenheit, Zuckerbäcker aus den Reihen der Hoflieferanten für
größere Feierlichkeiten zu engagieren und
Zuckerbäckerwaren in Konditoreien anzukau-
fen, hielt bis zum Ende der Monarchie an. War
die Zuckerbäckerei zunächst der Hofküche
zugeordnet, ließ Maria Theresia diese 1744 zu
einer selbständigen Abteilung werden, die im
Leopoldinischen Trakt der Wiener Hofburg
untergebracht war. Zwei Franzosen führten
den Betrieb und beeinflussten die Herstellung
der vom Hof gewünschten „Confecturen à la
française". Die Zuckerbäcker und ihre Gehil-
fen erzeugten Konfekt, Gefrorenes, kandierte
Früchte, Marmeladen, Kompotte, Obstsäfte
und Limonaden.

Ein bedeutender Teil der Tätigkeit der Zuckerbäcker war in dieser Zeit der Unterhaltung an
der Tafel gewidmet: die Herstellung von Tafeldekorationen aus Zuckermasse. Aufgrund der
hohen Kosten für das Material ordnete Maria
Theresia 1761 an, stattdessen Porzellanfiguren
zu verwenden. Auch Frühstück, Jause, Tee,
Kaffee und Schokolade wurden durch die Hofzuckerbäckerei zubereitet. In deren Räumen
fanden ebenso das Porzellan und das Glas-
und Silbergeschirr für diese Anlässe sowie
die Tafelaufsätze, auf welchen die Süßigkeiten
präsentiert und serviert wurden, Verwahrung.

Im Laufe der Zeit beeinflussten die Kreationen
verschiedener Köche die Hofzuckerbäckerei.
Im 17. Jahrhundert stellte der Sizilianer
Francesco Procopio dei Coltelli Sorbets her,
die die Begeisterung für Speiseeis, das er in
seinem Café in Paris anbot, begründete.
Auch am Wiener Hof gab es Gefriermaschi-
nen und bis heute werden die kleinen Kupfer-
formen für Eis in der Silberkammer aufbewahrt. Kaiserin Elisabeth schätzte das Veilchen-
eis besonders. Aus Wien wiederum nahmen
die „Viennoiserien" Einfluss auf die Kunst des
Backens. Das „Kipfel" (Kipferl), das später
auch von Kaiser Franz Joseph sehr geschätzt
wurde, soll angeblich von Marie Antoinette anlässlich ihrer Eheschließung mit König Ludwig
XVI. nach Frankreich gebracht worden sein.
Gesichert ist, dass der Wiener August Zang in
den späten 1830er Jahren erfolgreich in seiner
„Boulangerie Viennoise" in Paris die „Kiffes de
Vienne" als „croissants" herstellte und damit
große Begeisterung auslöste.

Die Marschalltafel

AUTOR: MICHAEL WOHLFART

Am Wiener Hof wiederholten sich in regelmäßigen Abständen vier Arten von Diners: Galadiners, Familiendiners, besondere Diners anlässlich des Geburtstages von fremden Potentaten sowie für Botschafter oder Delegationen und schließlich die Sonntags Diners für das Militär und Repräsentanten des öffentlichen Lebens. Eine regelmäßig stattfindende höfische Tafel war auch die sogenannte Marschallstafel. Es war dies eine Nebentafel, an der Gäste des Kaisers bewirtet wurden, die nicht zur Haupttafel geladen waren. Ein hochrangiger Angehöriger des Hofstaates vertrat dabei den Kaiser und machte die Honneurs.

War man als Standesperson bei Hofe und sagte sich an, konnte man an der Marschallstafel teilnehmen und war sozusagen Gast des Kaisers. In Schönbrunn fand dieses Diner zumeist im sogenannten Rösselzimmer statt, einem Saal aus der Zeit Maria Theresias, der seinen Namen von den dort angebrachten kunstvollen Pferdeporträts hat. In den letzten Regierungsjahren Franz Josephs benutzte man dafür auch den Vorsaal vor dem Appartement der damals bereits verstorbenen Kaiserin Elisabeth mit einer für Schönbrunn typischen Ausstattung in Weiß-Gold.

Gegen fünf Uhr wurde die Speisen aufgetragen. Das Essen war reichhaltig und gut, in der Regel wurde den Gästen sieben Gänge serviert: Suppe, Vorspeise, Fleischgericht, Gemüse, Süßspeise, Käse und Dessert. Ausgeschenkt wurden gewöhnlich Bier wie auch Rotwein und leichter Weißwein. Donnerstags sowie an Sonn- und Feiertagen kam auch französischer Champagner auf den Tisch. Waren besondere Gäste anwesend, wurde das Diner mit Braten, Käsespeise und Gefrorenem erweitert. Zum Abschluss gab es nach dem Dessert, das meist aus Obst, Zuckerln, kandierten Mandeln und Datteln bestand, Kaffee und Likör. Geraucht werden durfte erst, nachdem die Tafel aufgehoben wurde, im Flügeladjutantenzimmer. Die Menue-Karten waren in französischer Sprache abgefasst, nur spezifische österreichische Gerichte wurden in Deutsch geschrieben, zum Beispiel Kaiserschmarrn, Marillenknödel, Strudel, Salzburger Nockerl und Palatschinken.

Da sich die Hofküche außerhalb des Haupt-
gebäudes auf der östlichen Seite der Nebengebäude befand, mussten die Speisen mit be-
heizten Blechkästen, sogenannten „Werkeln"
über den Ehrenhof getragen werden. Im
Schloss wurden sie dann in Anrichteküchen
fertig zubereitet und schließlich serviert. Als
Abschiedsgeschenk erhielt jeder Teilnehmer
eine der begehrten Hoftafel-Bonbonnieren.

Die Marschalltafel im Rösselzimmer von
Schloss Schönbrunn. Chromolithografie
nach einem Aquarell von Franz Heinrich,
um 1855/1860

„Hofball" und „Ball bei Hof"

AUTOR: MICHAEL WOHLFART

Die beiden wichtigsten Tanzveranstaltungen des Wiener Hofes unter Kaiser Franz Joseph waren der „Ball bei Hof" und der Hofball, wobei letzterer der rangniedrigere Ball war.

Ball bei Hof – Schluss der Quadrille.
Heliogravure nach Artúr Halmi, 1879

© Schloß Schönbrunn Kultur- und Betriebsges.m.b.H. /
Fotograf: Sascha Rieger

Beide Tanzveranstaltungen fanden am Anfang der Ballsaison statt. Im Gegensatz zum „Ball bei Hof" war beim Hofball der Kreis der geladenen Gäste ein weiterer. An diesem Ereignis konnten das diplomatische Corps, Geheime Räte, Kämmerer, Ritter des Franz Josephs-Ordens und sonstige Personen mit Hofzutritt, aber auch nobilitierte Bürgerliche, Beamte und aktive Offiziere der Wiener Garnison teilnehmen. Beim Hofball wurden an einem Abend bis zu dreitausend Personen verpflegt.

Einladungskarte zum „Ball bei Hof" mit Ballspende

© Schloß Schönbrunn Kultur- und Betriebsges.m.b.H. /
Fotograf: Christoph Mühlbauer

Zum „Ball bei Hof" war hingegen nur der Hochadel geladen, also Angehörige des alten Adels mit mindestens sechzehn Ahnen. Der exklusive „Ball bei Hof" fand in der Faschingszeit ein- bis dreimal pro Saison statt. Nach dem „Cotillon" begann das Souper gegen dreiundzwanzig Uhr. Für jeweils zehn Personen wurde ein Mahagonitisch ohne Tischtuch mit Geschirr aus Porzellan, Gold und Silber gedeckt, wobei für achthundert bis tausend Personen gleichzeitig serviert wurde. Die berühmte Kraftsuppe nach einem Rezept aus der Zeit Maria Theresias mit mehr als zwanzig Zutaten durfte dabei nicht fehlen. Zum Abschluss des Soupers bekamen die Gäste Andenken geschenkt, wie zum Beispiel Helme der Garde en miniature, die mit Zuckerln aus der Hofzuckerbäckerei gefüllt waren. Besonders begehrt waren die Hoftafelbonbonnieren, die, mit feinster Schokolade oder Bonbons gefüllt, schließlich Bestandteil jeder Hoftafel wurden. Es waren allein fünfzehn bis zwanzig Frauen mit dem Verpacken des Konfekts in die berühmten, mit den Fotografien von Mitgliedern der kaiserlichen Familie versehenen Doserln und Schmuckkästchen beschäftigt.

Da viele junge Damen in Begleitung der Eltern oder einer Anstandsdame und nicht in Begleitung eines männlichen Partners erschienen, hatten sich seit dem 18. Jahrhundert

Büchlein wurde durch Zutat allerlei Zierrats im Laufe der Zeit zu einem Miniatur-Kunstwerk ausgeschmückt.

Die aufwändige Gestaltung ließ die Tanzkarte zur Ballspende werden und schließlich zu einem heiß begehrten Erinnerungsstück. Das Büchlein, das meist auch mit einem dazugehörenden Miniaturbleistift ausgestattet war, ersetzte man nach und nach mit Fächern, Plaketten, Statuetten, Vasen, Spiegeln, Helmen im Miniaturformat. Der eigentliche Zweck der Reservierung eines Tanzes ging dabei zwar verloren, als kostbare Erinnerungsstücke wurden diese Ballspenden, Tanzkarten und Hoftafelbonbonnieren aus der Zeit der Monarchie zum Andenken aufbewahrt und erzielen heute noch als begehrte Sammlerobjekte in Auktionen Höchstpreise.

Ballspenden und Hoftafelbonbonnieren des Wiener Hofes

© Schloß Schönbrunn Kultur- und Betriebsges.m.b.H. / Fotograf: Christoph Mühlbauer

Tanzkarten bewährt. In diese kleinen Büchlein konnten sich die Herren zu Beginn der Veranstaltung eintragen und so gemäß der in der Tanzordnung angekündigten Reihenfolge einen oder mehrere Tänze für sich reservieren. Für die jungen Damen war dieses Kleinod ein wichtiges Accessoire des Abends. Das kleine

Ein opulentes Barockfest mit traumhaften Desserts

AUTORIN: KATRIN HARTER

Das Bacchantenfest – abschließender Umzug in Schloss Hof anlässlich des Festes für Maria Theresia am 26. September 1754. Aquarell auf Pergament, 1754

© Landessammlungen NÖ / Fotograf: Peter Böttcher

Im Jahr 1754 fand in Schloss Hof und Niederweiden ein großartiges Barockfest statt.

Der durch seine Heirat mit der Nichte und Erbin des Prinzen Eugen zum Besitzer der beiden Landschlösser gewordene Prinz Joseph Friedrich von Sachsen-Hildburghausen war in finanzielle Nöte geraten. Durch die Ein-

Das östlich von Wien gelegene
Schloss Hof, berühmt für den
beeindruckenden Garten,
war unter seinen Besitzern
Prinz Eugen und später Maria
Theresia ein Ort der Feste
und Gaumenfreuden.

ladung zu einem großen mehrtägigen Fest sollten Maria Theresia und deren Gemahl Franz Stephan von Lothringen zum Kauf der im niederösterreichischen Marchfeld gelegenen Güter animiert werden. Es fanden nahezu ununterbrochen Lustbarkeiten wie Opern- und Theateraufführungen, Jagden, Umzüge und Tanzveranstaltungen statt. Dazwischen wurden die Gäste nach allen Regeln der barocken Kochkunst mit opulenten Festessen verwöhnt.

Besonderes Augenmerk wurde dabei stets auf das Dessert gelegt, welches jedes Mal den größten Beifall auslöste und in der im Wiener Diarium veröffentlichten Beschreibung besonders hervorgehoben wurde. Am ersten Tag stellte das mittägliche Dessert mit allerlei Beiwerk die zwölf Monate *„von purem ausgestreutem Zucker, wie das schönste Gemählde verfertiget"* dar. Beim Abendessen wurde den Gästen die *„Glory des Allerdurchleuchtigsten Erz-hauses Oesterreich in vielen durchscheinenden Sinn-Gemählden, mit Innschriften, vorstellenden Confecturen"* als essbarer Nachtisch präsentiert. Am dritten Tag stellte das wieder ungemein kostbare und zierliche

Dessert die pompöse Jagd, welche tags zuvor an der March abgehalten wurde, dar.

Am Nachmittag begab sich die Festgesellschaft ins benachbarte Dorf Groißenbrunn, wo in drei Teichen das Wasser für die Schlosshofer Gärten gesammelt wurde, um dort allerlei vergnügliche Spektakel wie eine parodierte Seeschlacht dargeboten zu bekommen. Das Finale dieser Veranstaltung stellte eine auf die Ehrengäste zuschwimmende, als Paradieshain gestaltete, künstliche Insel dar. Auf dieser wuchsen Orangenbäume mit echten Früchten inmitten arrangiertem Früchteeis, *„gleichwie auch im übrigen diese schone Insul mit einer Menge Zucker-sachen, Gefrornen, und derley kostbaren Erfrischungen in zierlichster Eintheilung, an allen Orten und Enden, in reichen Überfluß gleichsam besäet war"*.

Am letzten Tage fand ein großer Bacchanten-Umzug statt, dessen Höhepunkt ein Triumphwagen in Form eines Schiffes voller Musikanten darstellte. Dieser Wagen war übervoll behangen mit Speck, Wurst, Brot, Käse und lebenden wie gebratenen Wildschweinen, Enten, Gänsen und Hühnern. Das Dessert der Mittagstafel stellte eine ganze Armee im Feldlager mit sich bewegenden Figuren dar. Die dabei belagerte Festung verwandelte sich nach einer Weile wie durch Zauberhand in einen Friedenstempel, die Soldaten verschwanden und aus den Laufgräben wurden Springbrunnen. Dieses mit unglaublichem Aufwand veranstaltete Fest bewirkte genau das, was der Prinz von Hildburghausen wollte: Beide Schlösser wurden von Maria Theresia ein Jahr später käuflich erworben.

Exotisches auf den Tisch gebracht

AUTORIN: KATRIN HARTER

Zu einem perfekten Erscheinungsbild einer barocken Tafel zählten exotische Früchte, die nicht nur durch ihr farbenprächtiges Aussehen, sondern auch durch ihren Geruch und Geschmack einen wahren Augen- und Gaumenschmaus bildeten. Zitronen, Orangen, Granatäpfel, Feigen oder gar Ananas und Bananen – heute leicht erschwinglich und jederzeit zu bekommen – waren im Barock höchst luxuriöse Statussymbole und zugleich seltene Genussmittel.

Besonders beeindrucken konnte der Gastgeber, wenn er die exotischen Früchte aus eigener Zucht und daraus zubereitete Speisen seinen Gästen unabhängig von der Jahreszeit darbieten konnte.

Deshalb zählten Pflanzen aus dem Süden und die für deren Aufzucht benötigten lichtdurchfluteten und im Winter beheizbaren Glashäuser (sog. Orangerien) zur Grundausstattung einer Schlossanlage. So bewunderten die Besucher von Schloss Hof die beeindruckende Sammlung an südlichen Obstbäumen und vor allem die große Anzahl an Zitruspflanzen, die sich in Prinz Eugens Orangerien befanden. Der profunde Kenner wusste auf den ersten Blick, welch Reichtum Prinz Eugen in seinen beiden Orangerien beherbergte. Zur Blütezeit verströmten die blühenden Exoten einen herrlich süßlichen Duft. Große finanzielle Mittel waren nötig, um solche Zitrusgewächse zunächst nach Österreich bringen zu lassen und dann entsprechend zu kultivieren, damit diese frost-

Orangenbaum mit Früchten in der Orangerie
von Schloss Hof

empfindlichen Kostbarkeiten nicht eingingen. Oft wartete Prinz Eugen wochenlang auf eine Lieferung von Zitruspflanzen aus Süditalien, bis diese endlich heil am Bestimmungsort ankamen.

Die duftenden, farbenprächtigen Früchte waren auf dem festlich gedeckten Tisch vielseitig einsetzbar: einerseits unterstrichen sie als auf kostbaren Silber- oder Porzellanaufsätzen zu Pyramiden drapierte Kunstwerke die Exklusivität einer Tafel, hatten also rein dekorativen Charakter. Anderseits bildeten sie zugleich einen wichtigen Bestandteil des Desserts als Abschluss barocker Tafelfreunden. Nicht selten erfreuten diese Südfrüchte veredelt zu Fruchtmus, Gelees, Kompotten, Sorbets oder Gefrorenem den Gaumen der Gäste. Auch wurden die Zitrusfrüchte konserviert oder in getrockneter Form zum Würzen verwendet. Sie verliehen den Speisen eine wunderbar feine, süßsaure Note. Durch das Kandieren konnten zudem die süßen Naschereien länger haltbar gemacht werden. Die betörend duftenden Blüten der Bitterorangen wiederum verfeinerten, in Zucker eingelegt, so manche Süßspeise.

Luxusprodukte auf der offiziellen Tafel und im fürstlich-privaten Wohnzimmer: Zucker, Kaffee, Tee und Kakao

AUTORIN: ELFRIEDE IBY

Reise-Teeservice aus dem Nachlass von Karl Alexander von Lothringen. Hergestellt 1717/18 von Jean-Baptiste Lange in Paris zählt es heute zu den ältesten Exponaten der Schausammlung der Silberkammer in der Wiener Hofburg

© Bundesmobilienverwaltung
Sammlung Bundesmobilienverwaltung, Standort Silberkammer, Hofburg Wien / Fotografin: Marianne Haller

Die festliche Tafel, deren Programm sich aus prachtvollen Einzügen, fantastischen Feuerwerken, Theater- und Opernaufführungen zusammensetzte, bildete bei fürstlichen Festen in der Regel den Höhepunkt. Die Tafel mit ihren Dekorationen und Speisefolgen gipfelte in der abschließenden Desserttafel, die neben dem visuellen Genuss auch mit exotischen Luxusgütern aufwarten sollte, um die Erlesenheit der Tafel noch zu unterstreichen. Zu den begehrten Luxusprodukten zählten Zitrusfrüchte, Zucker sowie die Heißgetränke Schokolade, Tee und Kaffee, aber auch Gewürze wie Vanille und Safran.

Diese Produkte mussten über lange Seewege aus ihren exotischen Herkunftsländern importiert werden, waren daher überaus kostspielig und demonstrierten den Reichtum und die Macht eines fürstlichen Hofes.

ZUCKER

Der aus Zuckerrohr gewonnene und importierte Zucker war bis zum Ende des 18. Jahrhunderts in der Regel der höfischen Gesellschaft vorbehalten, bis er spätestens ab 1825 durch die industrielle Zuckerproduktion aus der heimischen Zuckerrübe in größeren Mengen und vergleichsweise günstig hergestellt wurde. Zucker wurde nicht nur für delikate Süßspeisen verwendet, sondern auch für figürliche Tafeldekorationen. Durch die Produktion des europäischen Porzellans, die in Meißen ihren Ausgang nahm und nicht minder kostenintensiv, dafür aber wiederholt verwendbar war, wurden die Tafeldekorationen aus Zucker durch Porzellanfiguren und -szenerien abgelöst.

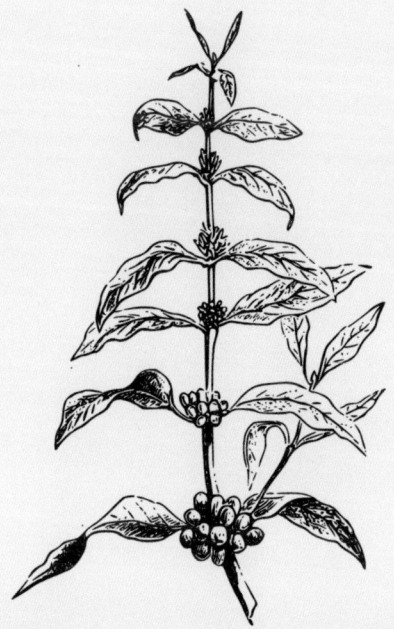

KAFFEE

Zucker diente auch zum Süßen der begehrten exotischen Heißgetränke, deren Konsum sich auch am Wiener Hof großer Beliebtheit erfreute. Der öffentliche Ausschank von Kaffee ist zwar schon kurz nach der Zweiten Türkenbelagerung 1683 belegt, durch den kostspieligen Zucker zum Süßen erreichte der Kaffeekonsum aber nur langsam an Popularität und war auf finanzkräftige, zumeist adelige Konsumentenkreise beschränkt. Maria Theresias Vorliebe für Milchkaffee zum Frühstück ist durch ihren Obersthofmeister Graf Khevenhüller-Metsch dokumentiert.

TEE

Auch Tee, von arabischen und portugiesischen Händlern aus Fernost (China, Japan) nach Europa importiert, erfreute sich gewisser Beliebtheit und wurde ebenfalls gezuckert getrunken. Ein Genrebild nach holländischem Vorbild, welches von der Schwiegertochter Maria Theresias, Isabella von Bourbon-Parma gemalt wurde und sich in Schönbrunn befindet, zeigt eine Nikolausbescherung in der kaiserlichen Familie. In einem bürgerlichen Interieur steht vor dem Elternpaar Franz Stephan und Maria Theresia ein kleiner Teetisch mit einer samovarartigen Silber- oder Zinnkanne und mit zwei Teetassen – ein klarer Beweis, dass sich in der Mitte des 18. Jahrhunderts der Teekonsum bereits weitgehend etabliert hatte.

Nikolobescherung. Gouache von Isabella von Bourbon-Parma, signiert und datiert „Marie fecit [1]762"

© Schloß Schönbrunn Kultur- und Betriebsges.m.b.H. / Fotograf: Edgar Knaack / Sammlung Bundesmobilien- verwaltung, Standort Schloss Schönbrunn

Das Schokoladenmädchen.
Ölgemälde eines anonymen
Künstlers nach dem Pastell
von Jean-Étienne Liotard

© Schloß Schönbrunn Kultur- und Betriebs-
ges.m.b.H. / Fotograf: Alexander Eugen Koller

KAKAO

Die Kakaopflanze wurde als Geschenk des Gottes Quetzalcoatls von den Azteken als heilig betrachtet und auch die spanischen Eroberer erkannten sehr bald den Wert des „braunen Goldes". Das aus der Kakaobohne gewonnene Getränk wurde in Europa im Verlauf des 18. Jahrhunderts von Spanien und Portugal ausgehend zu einem Lieblingsgetränk der höfischen Gesellschaft, dem auch eine Wirkung als Aphrodisiakum zugeschrieben wurde. Die Trinkschokolade wurde in einem hohen Kännchen serviert, dessen Deckel mit einer Öffnung versehen war, in die ein Quirl eingeführt werden konnte. Der Quirl diente dazu, die Mischung aus geschmolzener Kakaobohne, heißem Wasser, Zimt, Zucker, Anis und Milch oder Obers vorzubereiten und aufzuschäumen.

Das heiße Getränk wurde dann in hohen Porzellanbechern mit einem Tassenhalter und Griff sowie mit einem Glas Wasser serviert, wie auf dem berühmten Bild des *Schokoladenmädchens* zu sehen ist.

Fasan im Federkleid – Wildgerichte

AUTORIN: BIRGIT SCHMIDT-MESSNER

Franz Joseph mit Jagdgästen vor
der Kaiserhütte in der Seeau.
Illustration nach Zeichnung von
Wilhelm Gause, 1898

© Schloß Schönbrunn Kultur- und Betriebs-
ges.m.b.H. / Fotograf: Sascha Rieger

Über Jahrhunderte stellte die Jagd ein Privileg der Aristokratie dar. Mit der Jagd verbunden war das Abhalten einer Jagdtafel, und daher weisen Wertschätzung und der Genuss von Wildbret eine entsprechend lange Tradition an den fürstlichen Höfen auf. Die Eleganz von Federtieren wurde bereits in der Mitte des 15. Jahrhunderts so sehr geschätzt, dass der burgundische Herzog Philipp der Gute 1454 ein Bankett veranstalten ließ, welches dem Fasan gewidmet war – die Pracht und Opulenz des „Banquets des vœux du faisan" versetzte die europäische Aristokratie in Staunen. Am Höhepunkt dieser Feierlichkeit legte Philipp das Gelübde ab, einen Kreuzzug gegen die Osmanen zu unternehmen – und er leistete diesen Schwur auf einer kunstvoll dekorierten Pastete in Gestalt eines Fasans. Derartige prachtvolle Inszenierungen beeinflussten nicht nur den Habsburger Maximilian I., der die Enkelin des burgundischen Herzogs im Jahre 1477 ehelichte. Über Generationen wurden diese Formen der Repräsentation in der kaiserlichen Familie weitergegeben und dem Zeitgeschmack angepasst. So zierten neben Fasanen auch Schwäne und Pfaue in unterschiedlichster Erscheinung, aus Keramik oder Porzellan, die Tafeln. Während des 18. Jahrhunderts hüllten die Hofköche die zubereiteten Pasteten in den ursprünglichen farbenfrohen und imposanten Federschmuck jener Tiere, die für die Zubereitung verwendet wurden. Feierlich wurden diese

aufwändigen Gerichte zunächst präsentiert, bestaunt und schließlich genossen: *„[...] der Pfau aber samt den Federn darum stehen so ist es nicht nur ein gut und lieblich Gericht / sondern auch ein schönes Schau-Essen."*

Der kaiserliche Hof ließ die Jagdgesellschaften mehrmals im Jahr an unterschiedlichen Orten stattfinden. War im 18. Jahrhundert die Reiherbeize in Laxenburg ein bedeutender Anlass für Feierlichkeiten, reiste Kaiser Franz Joseph zu Lebzeiten nach Mürzsteg, Radmer, Eisenerz, an den Offensee oder den Langbathsee sowie nach Gödöllő in Ungarn, um – je nach Saison – Auerhähne, Hirschen oder Gämsen zu jagen. Man speiste unter freiem Himmel während der Jagd und wählte dafür Gerichte, die einfach aufgewärmt werden konnten, wie Erbsenwurstsuppe, Gulasch oder Kaiserfleisch mit Kraut.

Teile des sogenannten „Krickerl-Services" – Jagdservice aus Porzellan, die Struktur von Rotwildgeweihen imitierend. Hergestellt von der Gräflich Thun'schen Porzellanmanufaktur in Klösterle, Böhmen, 1859

Fanden die Tafeln in den Jagdresidenzen statt, wurden die Tische dem Anlass gemäß jagdlich-rustikal gedeckt. Saisonbedingt wurde auch die Hofküche in Wien mit Wildbret beliefert und man servierte an der kaiserlichen Tafel beispielsweise Wildconsommé, Wachteln mit Risibisi oder Rehschlegel mit Nudeln.

Eine absolute Rarität –
Die barocke Wildküche von
Schloss Niederweiden

AUTORIN: KATRIN HARTER

Schloss Niederweiden im niederösterreichischen Marchfeld zeichnet sich durch eine seltene Besonderheit aus: Die der Funktion des zierlichen Gebäudes als Jagdschloss entsprechende „Wildküche" ist eines der wenigen weitgehend im ursprünglichen Zustand erhaltenen barocken Küchengebäude Europas – und zudem auch heute noch voll funktionstüchtig. Die in einem Nebengebäude untergebrachte Wildküche besteht aus insgesamt sechs, um einen kleinen Lichthof gruppierten Räumen, von denen drei die eigentlichen Küchenbereiche bilden. Besonders eindrucksvoll sind die großen Rauchfänge über den gemauerten Backöfen und Herden, durch die der aufsteigende Rauch aus den offenen Feuerstellen ins Freie abgeleitet wird.

Vom Vorraum gelangt man rechter Hand in die Bratküche, die über zwei Herdabteile mit Bratspießaufhängungen und einen offenen Tischherd verfügt. In dieser Bratküche wurde das Fleisch – vor allem Wild – oft im ganzen Stück durch ständiges Drehen der Spieße gebraten. In Anschluss daran befindet sich noch eine Vorratskammer.

Linker Hand gelangt man vom Vorraum in die große Hauptküche, in der sich die langgestreckte Herdzeile mit zwei verschiedenen Typen von Herdöfen – offene Tischherde und Topfherde – sowie einem Backofen befindet. Auf den gemauerten Herdflächen der Tischherde brannten offene Scheitholz-Feuer, über deren Glut die Töpfe direkt oder auf Eisen-

Einblick in den Hauptraum der Wildküche
von Schloss Niederweiden

© Schloß Schönbrunn Kultur- und Betriebsges.m.b.H. /
Fotograf: Lois Lammerhuber

Barocke Küchenherde und Backöfen in
der Wildküche von Schloss Niederweiden

© Schloß Schönbrunn Kultur- und Betriebs-
ges.m.b.H. / Fotograf: Lois Lammerhuber

gestellen platziert wurden. Diese offenen
Herdstellen dienten zum Kochen von Gemüse,
Ragouts, Suppen und Fleisch.

Eine in der Barockzeit aufgekommene Weiter-
entwicklung der Tischherde stellen die Topfherde dar. Diese bestehen aus einer versenk-
ten Feuerkammer, deren Herdfläche über eine
mit Eisenringen eingefasste runde Öffnung verfügt. In diese können passgenau Töpfe einge-
senkt und somit gleichmäßig erwärmt werden.
In Abwandlung der französischen Bezeichnung
für die eingesetzten Töpfe – Casserolles – wurde diese barocke Herdform auch Castrolherd
genannt. In den Niederweidener Inventaren
werden sie als *„Windöfen"* bezeichnet.
Ein langer Tisch in der Raummitte diente der
Speisenvorbereitung. An die Hauptküche
schließt die Backküche mit zwei großen Backöfen an. Diese dienten vor allem zum Backen
der variationsreich gestalteten Pasteten, einer
im Barock sehr beliebten Art der Speisenzube-
reitung. Nach dem Backen wurden die Pasteten meist mit echten Federn (Vogelpasteten)
oder Fellteilen (z. B. Hasenpasteten) überzogen
und einer Skulptur ähnlich effektvoll in Szene
gesetzt. Oft wurde im Hohlraum der fertig ge-
backenen Pastete lebendes Getier versteckt,
um es zur Überraschung der Gäste bei Tisch
der Pastete entsteigen zu lassen. Auf der Tafel
wurden die unterschiedlich geformten Pasteten
alternierend mit anderen Speisen aufgestellt,
wodurch eine große dekorative Wirkung erzielt
werden konnte.

Maria Theresias bevorzugte Zwischendurch-Jause

AUTORIN: ELFRIEDE IBY

Maria Theresia, vielbeschäftigte Monarchin und Mutter einer großen Kinderschar, bevorzugte es immer wieder, alleine oder zu zweit mit ihrem vielgeliebten Gemahl, Kaiser Franz I. Stephan, zu speisen.

„Kleine" Mahlzeiten und Gaumenfreuden liebte sie mittags, wenn keine große Festtafel oder offizielle Essen angesetzt waren. Im höfischen Zeremoniell nannte man dies *„auf der Serviette speisen"* und für diese Mahlzeiten in den Privatgemächern wurde zur Bedienung nur das notwendigste Personal herangezogen.

Das Essen bestand aus mehreren Gängen, mindestens aus Suppe, verschiedenen Fleischspeisen und Dessert. Für die Suppe und das Dessert wurde schon im 18. Jahrhundert Porzellan verwendet, während Fleischspeisen noch auf Gold- oder Silberservicen aufgetragen wurde.

Das Dessert war aufgrund seiner Kostbarkeit immer der Höhepunkt einer Mahlzeit. Die begehrten und meist sehr teuren Rohstoffe für die Herstellung der Desserts mussten aus exotischen Ländern importiert werden. Desserts stellten daher den Inbegriff von Luxus

dar und dienten zur Demonstration des Reichtums eines Gastgebers.

Das Dessertgedeck aus der Zeit Maria Theresias musste der Vielfalt des Dessertganges mit den dazu benötigten Porzellanen entsprechen: dazu gehörte Obst, Konfekt (z. B. Trüffel), kandierte Früchte, Kompott, Mehlspeisen wie etwa Mandelbäckereien, die in verschiedensten Schälchen präsentiert wurden, und gleichzeitig als Tafelzier wie auch zur Gaumenfreude dienten. Als Getränke wurden flüssige Schokolade und Kaffee mit den dazugehörigen Dessertweinen – Maria Theresia liebte den ungarischen Tokajer ganz besonders – und Likören kredenzt.

Generell wurden Liköre und Süßweine gekühlt getrunken, sogar die Gläser wurden vorgekühlt. Eine kostspielige Spezialität an der offiziellen wie auch privaten kaiserlichen Tafel war auch *Gefrorenes*, für das Maria Theresia in jeder Form eine große Vorliebe hatte, und dessen Herstellung – speziell im Sommer – sehr kompliziert und aufwändig war. Das dazu benötigte Eis wurde mühsam auf Karren aus den Alpen nach Wien gebracht.

Als Tafelschmuck an den Desserttafeln führte Maria Theresia auch Gestecke mit frischen Blumen ein; künstlicher Tafelschmuck aus Zucker und Marzipan wurde vorzugsweise für Festtafeln zu besonderen Anlässen verwendet.

Maria-theresianisches Table-setting für das Dessert

Kulinarische Vorlieben von Kaiser Franz Joseph

AUTOR: MARTIN MUTSCHLECHNER

Franz Joseph gilt als „der Kaiser" schlechthin, der ganz in seinem hohen Amt aufging und individuelle Bedürfnisse hintanstellte. Eine Charaktereigenschaft, die immer betont wird, ist seine Anspruchslosigkeit, die sich auch bei seinen kulinarischen Vorlieben und Essensgewohnheiten zeigte.

Franz Joseph war ein Gewohnheitsmensch, er fand Halt in ewig gleicher Routine. Der Kaiser stand sehr früh auf und nahm in der Regel um fünf Uhr morgens das Frühstück ein, das aus Kaffee, Butter, Gebäck und – mit Ausnahme

der Fasttage – Schinken bestand. Erst in seinen letzten Lebensjahren trank er anstelle von Kaffee starken Schwarztee.

Da er zeitig am Morgen frühstückte, verspürte er am späteren Vormittag öfters Hunger. Es fiel ihm aber nicht ein, um eine Zwischenmahlzeit zu bitten, da dies die gewohnte Routine des Tagesablaufes durchbrechen würde. „Man muss nicht so viel essen", meinte er.

Zwischen 12 und 12.30 Uhr wurde ihm das Mittagessen serviert: Es bestand aus Suppe,

Rindfleisch mit Gemüse, manchmal Beefsteak oder Geflügel. Selten gab es eine kleine Vorspeise, immer aber ein Glas bayerisches Bier. Während der Monarch das Mittagessen in der Regel allein auf seinem Schreibtisch einnahm, war das Abendessen abwechslungsreicher. Das Nachtmahl variierte je nach Programm: Dreimal wöchentlich wurden Seriendiners abgehalten, zu denen ca. 30 Persönlichkeiten des öffentlichen Lebens geladen wurden. Sonntags fanden Familiendiners statt, bei denen Franz Joseph seine Familie an der Tafel versammelte. Er zeigte auch hier eine besondere Rücksichtnahme, denn er wählte aus der ihm vorgelegten Menükarte sorgfältig die Lieblingsspeisen jener Personen aus, die mit ihm an der Tafel saßen.

Wenn jedoch kein Termin anstand, nahm er das Abendessen ebenfalls im Arbeitszimmer ein, manchmal in Gesellschaft der „lieben Freundin" Katharina Schratt. Aß er allein,

Leibbüchsenspanner Friedrich Spannbauer beim Anrichten des Déjeuners für Kaiser Franz Joseph. Illustration nach Zeichnung von Theo Zasche, 1898

© Schloß Schönbrunn Kultur- und Betriebsges.m.b.H. / Fotograf: Sascha Rieger

Franz Joseph an der Tafel eines Seriendiners. Illustration nach Zeichnung von Artur Halmi, 1898

© Schloß Schönbrunn Kultur- und Betriebsges.m.b.H. / Fotograf: Sascha Rieger

war die Mahlzeit sehr bescheiden: Bei den Sommeraufenthalten in seinem geliebten Ischl begnügte er sich oft nur mit Schwarzbrot, Butter und einem Teller Sauermilch.

Während der Kaiser für sich allein also äußerst anspruchslos war, wurden bei Empfängen und bei Anwesenheit von Gästen jedoch dem „Decorum des Allerhöchsten Hofes" entsprechend aufwändige Speisenfolgen serviert, die von höchster Qualität sein mussten. Großes Augenmerk legte der Kaiser auch auf makelloses Gedeck und flinkes, unauffälliges Service.

Das „Achilleion" –
Kaiserin Elisabeths Villa auf Korfu

AUTOR: MICHAEL WOHLFART

Die Hauptfassade des Achilleions. Illustration aus:
Das Schloß Achilleion auf Corfu, 1896

© Schloß Schönbrunn Kultur- und Betriebsges.m.b.H. /
Fotograf: Christoph Mühlbauer

„Korfu ist ein idealer Aufenthalt, Klima, Spaziergänge im endlosen Olivenschatten, gute Fahrwege und die herrliche Meeresluft, dazu den prachtvollen Mondenschein."

So schwärmte Elisabeth begeistert über die Insel Korfu. Die Kaiserin hatte während eines zweimonatigen Aufenthaltes im Jahre 1888 die alte Villa Braila in der Nähe des Dorfes Gasturi bewohnt und trug sich mit dem Gedanken, das Grundstück samt Villa zu kaufen und ein Schloss nach pompejanischen Vorbildern errichten zu lassen. Als es 1892 fertiggestellt

Gewürzmenage der Kaiserin Elisabeth aus dem
Achilleion. Ensemble aus Silber und Glaseinsätzen,
mit vollplastischen Greifen, graviertem Wappenschild und gekröntem Delphin.

© Schloß Schönbrunn Kultur- und Betriebsges.m.b.H. /
Fotograf: Alexander Eugen Koller

Porzellan aus dem Korfu-
Service der Kaiserin Elisabeth

© Schloß Schönbrunn Kultur- und
Betriebsges.m.b.H. /
Fotograf: Alexander Eugen Koller

Tafelaufsatz aus versilbertem Alpaka und Glas mit
Delphin-Motiv als Griff aus dem Korfu-Silberservice
der Kaiserin Elisabeth. Berndorf, um 1890

© Bundesmobilienverwaltung
Sammlung Bundesmobilienverwaltung, Standort Silberkammer,
Hofburg Wien

wurde, widmete sie es ihrem griechischen Lieblingshelden Achilles und nannte das Gebäude „Achilleion". Das Haus wurde nach den genauen Vorgaben Elisabeths ausgeführt und über die Ausstattung sagte die Kaiserin:

„Alles habe ich selbst geordnet und jedes Stück selbst gewählt".

Bei ihren Aufenthalten auf Korfu verzichtete die Kaiserin weitgehend auf das Personal des Hofes. Die Ausstattung der Villa mit Tafelgeräten wurde nur so lange vom Hof übernommen, bis die eigens für die Ausstattung des Palastes bestellten Tafelservice geliefert waren. Als Tafelgeräte ließ Elisabeth nach ihren Vorstellungen Silberobjekte, Gläserservice und Porzellane von den namhaftesten Manufakturen der Monarchie anfertigen. Die Firma Lobmeyr lieferte Glasgegenstände, die Firma Albin Denk Porzellane. Als weitere Lieferanten werden Schreiber und Neffen in Wien, Tschernich & Co. in Haida sowie Leopold Janesich in Triest genannt. Ein sehr umfangreiches Porzellanservice ließ Elisabeth in der Manufaktur Karl Knoll in Fischern bei Karlsbad anfertigen. Daneben kaufte sie

allerdings auch regulär erhältliche Produkte der Firma Krupp wie Tafelschmuck, Serviceteile und Besteckgarnituren aus Alpakasilber.

Elisabeth ließ diese Gegenstände aufwändig mit Motiven versehen, die auf ihre Liebe zum Meer verwiesen, wie Poseidonköpfen und vor allem mit dem gekrönten Delphin. Auch der gesamte textile Hausrat, wie Kleidungsstücke, Handtücher, Tafeltücher und Servietten wurden mit dem gekrönten Delphin gekennzeichnet. In dem im Staatsarchiv erhaltenen „Inventar der Villa Achilleion" werden Porzellangegenstände *vergoldet, reich, mit Delphin und Krone* beschrieben. In der Sammlung der Schönbrunn Group haben sich über 600 Teile davon erhalten: Es sind dies Tafelaufsätze für Obst, Terrinen, Suppen-, Speise- und Dessertteller, Schüsseln, Platten und vieles mehr sowie umfangreiche Tee-, Kaffee- und Mocca-Services. Alle Gegenstände zeigen den auf einem Wappenschild dargestellten gekrönten Delphin und tragen auf der Unterseite den Stempel der Firma Karl Knoll. Das dazugehörige umfangreiche Gläserservice, ebenfalls mit gekröntem Delphin, wurde von der Firma Schreiber und Neffen in Wien gefertigt.

Gekrönter Delphin auf Wappenschild, Detail aus dem Korfu-Porzellan der Kaiserin Elisabeth

© Schloß Schönbrunn Kultur- und Betriebsges.m.b.H. / Fotograf: Alexander Eugen Koller

Ausstellung Sisi Mensch und Majestät

© Schloß Schönbrunn Kultur- und Betriebsges.m.b.H. / Fotograf: Dieter Nagl

Die Essgewohnheiten
des letzten österreichischen Kaisers

AUTOR: EDDY FRANZEN

Am liebsten speiste Kaiser Karl I. gemeinsam mit seiner Frau Kaiserin Zita und seinen Kindern. Aus seiner Regierungszeit gibt es von Chefkoch Rudolf Munsch einige Rezepte, die darauf hinweisen, dass Karl neben den traditionellen österreichischen Gerichten auch die mediterrane Küche schätzte. Dieser Einfluss ist auf seine Frau zurückzuführen, die als eine geborene Prinzessin von Bourbon-Parma viele Jahre ihres Lebens in Italien verbracht hatte. Auf Grund der Kriegssituation des Ersten Weltkriegs gab Kaiser Karl I. nur wenige offizielle Diners. So fand ein solches Diner in vereinfachter Form 1917 anlässlich des Besuchs des deutschen Kaiserpaares im Kaiserhaus in Baden statt.

War der Kaiser an der Front, speiste er alleine oder in Gesellschaft seiner Offiziere. Die Speisen wurden rasch zubereitet und als „Speisesaal" dienten ihm Wiesen und Bahnhöfe, wo sehr oft ein Campingtisch mit einem weißen Tischtuch zu einer Tafel umfunktioniert wurde. Karl hatte die Angewohnheit, immer wieder in die Küchen zu gehen, um die Töpfe zu inspizieren. Er aß ungerne Schweinefleisch. „Wann'S

mich gern haben, dann geben Sie mir niemals Schweinernes", sagte er zu seinem Mundkoch Soukup.

Beim Frühstück bevorzugte der Kaiser kleinere Fleischspeisen bzw. freitags Eierspeise oder Fisch.

Zu Mittag trank er als Aperitif ein Glas Sherry. Nach der Suppe bevorzugte er als Hauptgang eine Fleischspeise mit Gemüsebeilage, trank dazu Bier und zur Nachspeise Wein. Zum Abschluss nahm er einen schwarzen Kaffee und rauchte eine Zigarre oder Zigarette. Um 20 Uhr nahm er das Abendessen ein, wo die Menüabfolge ähnlich war wie zu Mittag, jedoch gab es statt der Mehlspeise Obst oder Käse. Karl trank zum Abendessen regelmäßig Schilcherwein aus der Steiermark.

Nach dem politischen Umbruch im November 1918, als Karl auf eine weitere Mitwirkung an den Regierungsgeschäften verzichtet hatte, begab sich das Kaiserpaar in Begleitung eines kleinen Gefolges nach Schloss Eckartsau in Niederösterreich.

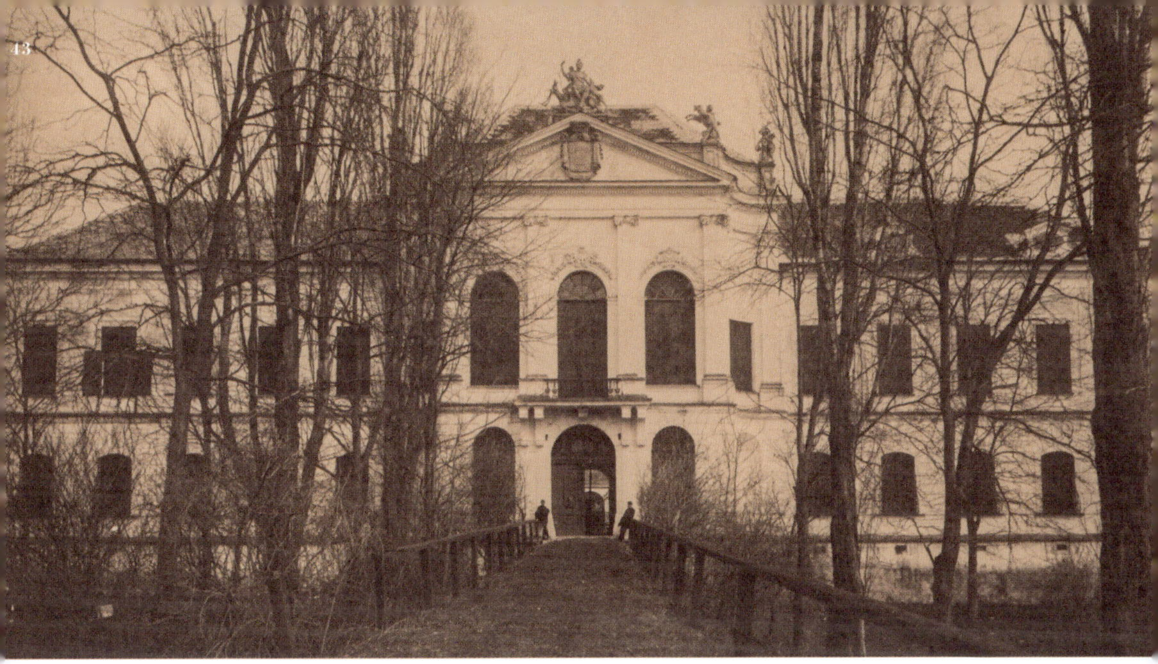

Über die Menüs und Speisezubereitungen der
letzten Monate der Anwesenheit in Österreich
ist nur wenig bekannt. Erhalten blieb die Menükarte des letzten Diners der kaiserlichen Familie vor der Abreise aus Österreich. Bei diesem
Abendessen am 23. März 1919 wurde folgen-
des, von Chefkoch Rudolf Munsch zubereitetes
Menü serviert: Consommé aux fredattes –
Filets de gibier variés, légumes – Tranches aux
griottes – Café. Ins Deutsche übersetzt bestand
die Speisenfolge aus Frittatensuppe, Filets von
verschiedenen Wildsorten mit Gemüse und als
Dessert Weichselschnitten und Kaffee.

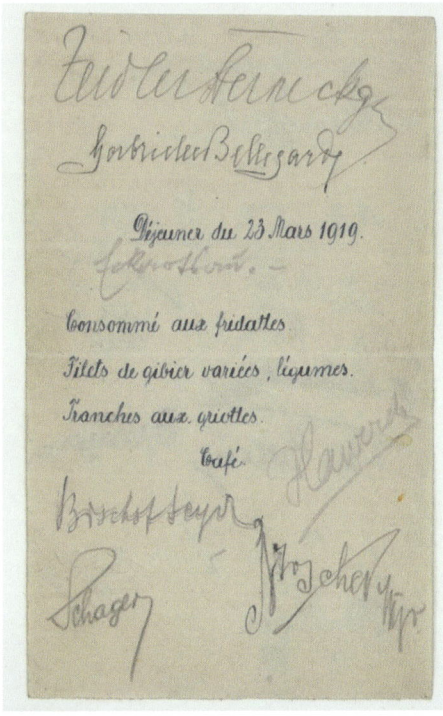

Die Menükarte für das letzte Abendessen der
kaiserlichen Familie am 23. März 1919 in
Schloss Eckartsau hat sich in den Sammlungen
der Bundesmobilienverwaltung erhalten.

Rudolf Munsch
– Vom Kochlehrling zum
Chefkoch des Kaisers

AUTOR: EDDY FRANZEN

Rudolf Munsch war der Chefkoch von Karl I., dem letzten Kaiser von Österreich. Munsch wurde am 24. November 1865 geboren. Sein Vater Franz Munsch war der ehemalige Besitzer des Hotels Munsch in der Wiener Innenstadt am Neuen Markt Nr. 5. An dieser Stelle befindet sich heute das Hotel Ambassador. Zunächst absolvierte Rudolf Munsch eine Lehre als Koch im Hotel Imperial in Wien. Nach seiner Ausbildung wechselte er an den kaiserlichen Hof. Hier wurde er zum Bestallungskoch 2. Klasse ernannt und erhielt ein Jahresgehalt von 800 Gulden.

1889 wechselte er in die Mundküche der Kaiserin Elisabeth und begleitete sie auch auf ihren zahlreichen Reisen innerhalb der Monarchie. Nach dem plötzlichen Tod der Kaiserin 1898 kam er in die Mundküche von Kaiser Franz Joseph. Er war auch Teil der Entourage des Monarchen bei Manöver- und Jagdreisen, wo er auch mit den Quartierregelungen betraut wurde.

Ende November 1916, nach dem Tod Franz Josephs, wechselte er in die Küche von Kaiser Karl I. und Kaiserin Zita, wo er oft zwischen

Die Hauptküche in Schloss Hetzendorf, dem offiziellen Wohnsitz von Karl und Zita als Thronfolgerpaar. Historische Fotografie von Karl Schuster, 1911

© Schloß Schönbrunn
Kultur- und Betriebsges.m.b.H.

Kaiser Karl. Lithografie, 1917

© Schloß Schönbrunn Kultur- und Betriebs-
ges.m.b.H. / Fotograf: Christoph Mühlbauer

Kaiserin Zita. Lithografie, 1917

© Schloß Schönbrunn Kultur- und Betriebs-
ges.m.b.H. / Fotograf: Christoph Mühlbauer

deren Residenzen, Schloss Laxenburg und dem Kaiserhaus in Baden hin- und herpendelte. Kaiser Karl I. speiste sehr häufig in Gesellschaft der Kaiserin, die auch die Speisenabfolge bestimmte. Getränke nahmen beide sehr wenig zu sich. Am liebsten jedoch hatte Kaiser Karl I. den ganz leichten ungarischen Schillerwein aus Szeged.

Im Oktober 1917, während des Ersten Weltkrieges, kam Munsch in das Hauptquartier des Kaisers, das sich damals im Hotel Laurin in Bozen (Südtirol) befand.

Schließlich wurde er im Jahr 1918 von Kaiser Karl I. zum Hofküchenchef ernannt, nachdem er bereits 31 Dienstjahre hinter sich hatte. Leider musste er auf die Ernennung so lange

warten, da die ihm vorgereihten Chefköche 40 und sogar 50 Jahre lang gedient hatten. Nach der Verzichtserklärung des Kaisers am 11. November 1918 begleitete er das Kaiserpaar nach Schloss Eckartsau im Marchfeld in Niederösterreich. Hier versah er seinen Dienst bei der kaiserlichen Familie bis zu deren Abreise ins Schweizer Exil am 23. März 1919.

Rudolf Munsch starb am 4. März 1934.

In seinem Nachlass befinden sich nicht nur die Erinnerungen aus seiner aktiven Zeit in der Hofküche in Form von Menükarten, sondern auch ein Kochbuch mit Rezepten von Speisen, die er für seine kaiserlichen Dienstgeber zubereitet hatte.

Suppen

FESTTAGSSUPPE

**ZUTATEN
FÜR 8 PORTIONEN**

EISTICH

3 Eier

9 EL kalte Milch

Salz

1 Bd Petersilie

Muskat

MARKKNÖDEL

3 Markknochen

2 altbackene Semmeln

¼ l lauwarmes Wasser

2 Eier

Salz

Muskat

½ Bd Petersilie

SUPPE

Siehe Rindsuppe.

1 Bd Schnittlauch

EISTICH

Eier, kalte Milch, Salz, gehackte Petersilie und Muskat in einer Schüssel glatt rühren. In eine mit Klarsichtfolie ausgelegte Form füllen. Die Masse in einem Wasserbad im Rohr langsam erhitzen, bis sie anfängt zu stocken. Der Eistich soll eine feste, schneidbare Konsistenz haben. Im Kühlschrank kühlen.

KNÖDEL

Das Mark aus den Knochen mittels eines Messers lösen, durch ein feines Haarsieb streichen. Die Semmeln im lauwarmen Wasser einweichen, ausdrücken, mit den Eiern, Salz, Muskat, gehackter Petersilie und dem Mark gut verrühren. Kleine Knödel formen und im Kühlschrank kühlen.

SUPPE

Siehe Rindsuppe.

FERTIGEN

Die Suppe vom Feuer nehmen, die Knödel, den in Würfel geschnittenen Eierstich, das in Würfel geschnittene mitgekochte Gemüse und Rindfleisch dazugeben und ca. 5 Min. durchziehen lassen (nicht mehr kochen!).

Die Suppe mit Schnittlauch bestreut servieren.

WISSENSWERTES

Ein Galadiner bei Hofe begann immer mit einer Suppe. Auch wenn der Kaiser alleine speiste, stand meist eine Suppe auf dem Speiseplan. Die Kaiserin aß bekannterweise sehr wenig, aber vor ihren Spaziergängen und Ausritten nahm sie häufig eine Kraftbrühe zu sich.

GERSTEN-SCHLEIMSUPPE

100 g Rollgerste

1 l Gemüsesuppe

Salz

80 g Butter

Muskat

2 Eidotter

1⁄16 l Schlagobers

Petersilie

Die Rollgerste mit der Gemüsesuppe aufkochen lassen, mit Salz würzen und sehr weich kochen. Die kalten Butterflocken in die Suppe mittels eines Schöpflöffels einrühren und mit Muskat abschmecken.

Die Dotter mit dem Obers gut verrühren und in die nicht mehr kochende Suppe einschlagen. Mit gehackter Petersilie servieren.

WISSENSWERTES

Zu Fastenzeiten fehlte die Gerstenschleimsuppe nie auf dem Speiseplan. Der Kaiser liebte sie, aber auch Kaiserin Elisabeth mochte sie gerne.

OLIO EN TASSE

ZUTATEN
FÜR 20 PORTIONEN

1 kg Rindfleischknochen

200 g Rindsleber

200 g Rindsmilz

Wurzelgemüse

1 kg Hühner-, Enten-,

Gänseklein

1 Schweinsfuß

1 Kalbsfuß

500 g Lammknochen

500 g Wildknochen

80 g Öl

400 g Wurzelwerk

30 g Tomatenmark

⅛ l Weißwein

3 l Wasser

½ Kalbskopf

Gewürzkörner

Kräuterstrauß

Salz

KLÄRFLEISCH

1 kg Wild-, Geflügel-,

Lamm- und Rindfleisch

10 Pfefferkörner

1 Lorbeerblatt

Ingwer

Muskatblüte

5 Gewürznelken

Salz

6 Eiweiß

Cognac

Portwein

Rindfleischknochen, Rindsleber, Rindsmilz und Wurzelgemüse zu einer kräftige Rindsuppe ansetzen.

Aus Hühner-, Enten-, Gänseklein und Gemüse ebenfalls eine kräftige Hühnersuppe zubereiten. Schweinsfuß, Kalbsfuß, Lammknochen und Wildknochen in Öl anrösten. Wurzelwerk in Würfel geschnitten beifügen und mitrösten, Tomatenmark beifügen und gut durchrösten. Mit Weißwein ablöschen und mit Wasser aufgießen. Kalbskopf, Gewürzkörner und Kräuterstrauß beifügen, mit Salz würzen und ca. 3 Std. leicht wallend kochen lassen.

KLÄRFLEISCH

Wild-, Geflügel-, Lamm- und Rindfleisch entfetten, von den Sehnen befreien und fein faschieren, mit Pfefferkörnern, Lorbeerblatt, Ingwer, Muskatblüte, Gewürznelken, Salz und Eiweiß vermengen. Mit den überkühlten und entfetteten Suppen aufgießen, langsam aufkochen lassen (dabei vorsichtig umrühren) und ca. 3 Std. am Herdrand ziehen lassen. Vorsichtig durch ein Passiertuch seihen und mit etwas Cognac und Portwein abschmecken.

In Kaffeetassen servieren.

WISSENSWERTES

In der alten Küche wurden noch glacierte Kastanien in die Suppe gegeben.

RINDSUPPE

ZUTATEN
FÜR 10 PORTIONEN

1 kg Rindfleischknochen

3 l Wasser

500 g Rindfleisch

200 g Wurzelgemüse (Karotten, Petersilienwurzel, Zeller)

1 Zwiebel

1 Kräuterstrauß (Petersilienstängel, Lauchgrün)

Salz

1 TL Pfefferkörner

½ Lorbeerblatt

1 Knoblauchzehe

Muskat

1 Bd Schnittlauch

Rindfleischknochen klein hacken, kurz in kochendem Wasser überkochen, abseihen und in kaltem Wasser abfrischen. Die Knochen in kaltem Wasser zum Kochen zustellen, aufkochen lassen, rohe Rindfleischstücke beigeben und mittels eines Siebschöpfers abschäumen. Wurzelgemüse waschen und schälen. Zwiebel mit der Schale halbieren und in einer Pfanne anbräunen lassen und die Wurzeln und den Kräuterstrauß beifügen. Mit Salz, Pfefferkörnern, Lorbeerblatt und Knoblauch würzen und die Suppe mindestens 3 Std. schwach wallend kochen lassen.

Wenn das Rindfleisch weich ist, dann aus der Suppe nehmen. Die Suppe abseihen, nochmals aufkochen und mit Salz und Muskatnuss abschmecken. Mit geschnittenem Schnittlauch servieren.

WISSENSWERTES

Kaiser Franz Joseph I. ging als sehr anspruchsloser Esser in die Geschichtsbücher ein. Des Kaisers liebste Suppe soll die Rindsuppe gewesen sein. Mittags bekam er fast täglich Rindsuppe mit unterschiedlichsten Einlagen serviert.

Die Wiener Küche erlebte unter Kaiser Franz Joseph einen besonderen Aufschwung. Nationalgerichte aus den Kronländern beeinflussten die Wiener Küche nachhaltig. Für die private Hoftafel genügte ihm einfache Kost, wie gekochtes Rindfleisch mit Beilagen.

Aus seiner Herrschaftszeit stammen auch etwas eigenartig anmutende „Fastengerichte". Der Kaiser wollte seinem Volk helfen, die fleischlose Fastenzeit zu überstehen. Biber und Fischotter wurden kurzerhand den Fischen zugeordnet. Da nur Fleisch in der Fastenzeit verboten war, stellte Fisch gute, aber gewöhnungsbedürftige Alternative dar.

KAISERSCHÖBERL

60 g Butter

3 Eidotter

2 EL Milch

Salz

Muskat

3 Eiklar

2 EL Parmesan

80 g Mehl

Butter schaumig rühren. Eidotter und Milch beifügen. Mit Salz und Muskat würzen. Den Eiklarschnee, Parmesan und Mehl unterziehen. Auf ein gefettetes Backblech streichen und im Rohr bei 200° C ca. 10 Min. backen. In Rhomboide schneiden.

WILDFARCENOCKERL

250 g Wildfleisch

2 Semmeln

Milch

2 Eiklar

Salz

Pfeffer

⅛ l Schlagobers

Wildfond

Wildfleisch fein faschieren, Semmeln entrinden, in Milch einweichen, mitfaschieren. Alles mit Eiklar, Salz und Pfeffer cuttern. Obers schlagen und unter die Farce ziehen. Kleine Nockerl formen und in Wildfond langsam garen.

WEINSUPPE MIT FORELLEN-PALATSCHINKEN

ZUTATEN

ZIMTCROUTONS

120 g Brioche

50 g Butter

1 TL Zimtpulver

Salz

weißer Pfeffer

WEINSUPPE

½ l Rindsuppe

½ l Weißwein

Salz

Muskat

150 ml Schlagobers

2 Dotter

FORELLENFÜLLUNG

250 g geräucherte Forelle

3 EL Crème fraîche

3 EL Sauerrahm

Zitronensaft

Salz

weißer Pfeffer

Cayenne

PALATSCHINKEN

4 Dotter

1 Ei

50 ml Schlagobers

Salz

weißer Pfeffer

Butter

4 EL Kerbel

ZIMTCROUTONS

Brioche in feine Würfel schneiden und in heißer Butter goldbraun rösten. Mit Zimt, Salz und Pfeffer würzen und auf Küchenpapier abtropfen lassen.

WEINSUPPE

Rindsuppe aufkochen. Den Weißwein einrühren und mit Salz und Muskat abschmecken. Obers und Eier versprudeln und in die nicht mehr kochende Suppe eingießen. Mit einem Pürierstab aufmixen.

FORELLENFÜLLUNG

Fischfilets in kleine Stücke zupfen. Mit Crème fraîche und dem Sauerrahm vermischen und mit Zitronensaft, Salz und Pfeffer abschmecken.

PALATSCHINKEN

Alle Zutaten miteinander verrühren und würzen. Palatschinken ausbacken.

Die Forellenmasse auf die Palatschinken verstreichen, einrollen, mit Butterflocken bestreuen und im Rohr bei 150° C erwärmen.

VOLLENDEN

Die Suppe in Teller anrichten, die in Scheiben geschnittenen Palatschinken einsetzen und mit Kerbelblättern vollenden.

Vorspeisen

AUSTERN- ODER MUSCHELCOCKTAIL

ZUTATEN

150 g geräucherte Austern
oder Muscheln

80 g gekochte weiße
Spargelspitzen

2 Avocados

50 g Champignons

1 EL Zitronensaft

80 g Mayonnaise

3 EL Joghurt

Cayennepfeffer

Salz

1 EL Dille

1 EL Zitronenmelisse

Kresse

Die Austern mit den Spargelspitzen vermengen. Die Avocados schälen und das Fruchtfleisch würfelig schneiden. Die Champignons putzen, achteln und mit Zitronensaft beträufeln (evt. in Butter kurz anrösten).

Austern, Spargelspitzen, Avocados und Champignons vermischen und in mit nudelig geschnittenem Salat gefüllte Gläser einfüllen. Mayonnaise, Joghurt, Cayennepfeffer, Salz und gehackte Kräuter verrühren und den Cocktail damit überziehen. Kalt stellen und mit Kresse garnieren.

WIENER GABELBISSEN

ZUTATEN

6 Gelatineblätter

400 ml Rindsuppe

Apfelessig

Salz

Pfeffer

GEMÜSEMAYONNAISE

50 g Erbsen

40 g Essiggurkerl

50 g Karotten

40 g Erdäpfel, festkochend

10 g Zucker

80 g Mayonnaise

50 g Sauerrahm

50 g Wurstscheiben oder

1 hartgekochtes Ei oder

60 g gekochte Hühnerbrust

oder 1 Heringsfilet

Gelatineblätter in kaltem Wasser einige Minuten einweichen, gut ausdrücken und in der heißen Rindsuppe auflösen. Mit etwas Essig, Salz und Pfeffer abschmecken und überkühlen lassen. Etwas Gelee in kleine flache Formen eingießen und im Kühlschrank festigen.

GEMÜSEMAYONNAISE

Erbsen in Salzwasser kochen und mit den in Würfel geschnittenen Essiggurkerl, den gekochten Karotten und den Erdäpfeln vermischen. Die gezuckerte Mayonnaise und den Sauerrahm unterziehen und pikant abschmecken.

Mit Gemüsemayonnaise die Formen auffüllen und mit einem Löffel glatt streichen. Als Abschluss mit einer Scheibe Wurst oder einer hartgekochten Eischeibe, einer Scheibe Hühnerbrust oder einem Heringsfilet belegen. Mit Mayonnaisetupfer, gekochten Karottenscheiben und Essiggurkerlscheiben dekorieren. Das restliche und schon kühle Gelee über den Gabelbissen ziehen und gut durchkühlen lassen.

GEFLÜGELLEBER-PARFAIT

400 g Geflügelleber

2 cl Weißwein

2 cl Madeira

2 cl Cognac

50 g Schalotten

400 g Butter

Salz

Pfeffer

Majoran

Salbei

3 Eier

150 g Selchspeck

Die Geflügelleber putzen und mit Weißwein, Madeira und Cognac marinieren. Die Schalotten fein schneiden, in Butter anschwitzen und überkühlen lassen. Die Geflügelleber mit der Marinade fein faschieren.

Mit Salz, Pfeffer, Majoran und Salbei würzen und Eier, Schalotten und Butter nach und nach mitkuttern. Die Masse durch ein Haarsieb streichen und kalt stellen.

Eine Terrinenform mit Klarsichtfolie und Speckscheiben auslegen. Die Farce einfüllen, die Speckscheiben einschlagen und mit Alufolie abdecken. Die Form in ein passendes Geschirr stellen und mit heißem Wasser untergießen. Im Rohr bei 80° C ca. 40 Min. langsam garen. Das Parfait aus dem Rohr nehmen und mit einem Brett beschweren. Erkalten lassen, stürzen, in Scheiben schneiden und rasch servieren.

TIPP

Für dieses Parfait eignet sich auch Truthahn- oder Kaninchenleber.

HERINGSSALAT
MIT ROTEN RÜBEN

ZUTATEN

120 g marinierte Heringe

250 g Erdäpfel, gekocht

150 g Essiggurkerln

250 g Äpfel

200 g Sellerie

Salz

Pfeffer

Senf

Zucker

100 g Mayonnaise

⅛ l Sauerrahm

2 Rote Rüben, gekocht

100 g Zwiebel

Die marinierten Heringe von den Gräten befreien und auslösen. Die Erdäpfel kochen, schälen und mit den Essiggurkerln und Äpfeln in Streifen schneiden. Die Sellerie schälen,
ebenfalls in Streifen schneiden und in Salzwasser bissfest
kochen. Mit Salz, Pfeffer, Senf und etwas Zucker marinieren. Die Mayonnaise mit Sauerrahm verrühren und unter
den Salat heben.

Zum Schluss die Roten Rüben in Streifen schneiden und
der in Ringe geschnittenen Zwiebel unterheben.

ARTISCHOCKEN-RISOTTO

ZUTATEN

8 junge Artischocken

1 Zitrone

3 Knoblauchzehen

4 EL Olivenöl

1 Korianderzweig

2 Petersilienzweige

2 Basilikumblätter

Salz

200 ml Weißwein, trocken

350 g Rundkornreis

1 l Gemüsesuppe

Olivenöl

Chili

70 g Parmesan

Pfeffer

1 Estragonzweig

Die Artischocken von den harten äußeren Blättern befreien und den Stielansatz leicht schälen. Aus dem Inneren das „Heu" entfernen und achteln. Artischockenstücke in Zitronenwasser legen.

Den Knoblauch im Olivenöl anbräunen und die Artischocken und die frischen Kräuter dazugeben. Mit Salz würzen und etwas dünsten lassen. Mit Weißwein ablöschen. Wenn die Artischocken halb gar sind, den Reis beifügen und unter ständigem Rühren nach und nach die Gemüsesuppe, Wasser und Weißwein zugießen, bis der Reis gar ist. Mit etwas Olivenöl, Chili und geriebenem Parmesan abrunden.

Das „Risotto" in tiefen Tellern anrichten und mit etwas schwarzem Pfeffer und fein gehacktem Estragon servieren.

GESULZTES BEEF-TATAR MIT SENFMAYONNAISE

ZUTATEN
FÜR 10 PORTIONEN

500 g Beiried (oder
Rinderfilet)

50 g schwarze Oliven

30 g Essigkapern

3 EL gemischte, gehackte
Kräuter (z. B. Schnittlauch,
Petersilie, Liebstöckel,
Basilikum)

1 EL Dijon-Senf

1 TL Wasabi

Worcestersauce

Salz

Pfeffer

¼ l Rindsuppe

1 EL Sojasauce

6 Gelatineblätter

große Basilikumblätter

MAYONNAISE

3 Dotter

150 ml Olivenöl

3 EL Balsamicoessig

Zitronensaft

2 TL Dijon-Senf

2 TL süßer Senf

2 EL Essiggurkenmarinade

Das Fleisch sehr fein schneiden und hacken. Die Oliven, Kapern und Kräuter ebenfalls hacken. Das Fleisch mit dem Gehäck, Senf, Wasabi, Worcestersauce, Salz und Pfeffer vermischen.

Die Rindssuppe mit der Sojasauce erhitzen, die in kaltem Wasser eingeweichten und gut ausgedrückten Gelatineblätter darin auflösen und abkühlen lassen. Eine Terrinenform mit Klarsichtfolie auslegen, hauchdünn mit dem Gelee ausgießen. Die Kräuter waschen und trockenschütteln.

Die Blätter durch das Gelee tauchen und die Form damit auslegen. Das restliche Gelee mit dem Fleisch vermischen und in die Form drücken, glatt streichen und kalt stellen, bis die Masse fest ist.

MAYONNAISE
Alle Zutaten mit dem Stabmixer cremig aufschlagen. Das Tatar aus der Form stürzen, in Scheiben schneiden und mit der Mayonnaise auf Tellern anrichten.

TIPP

Nach Belieben mit Sprossen, würzigen Salatblättern, Kräutern und eingelegtem Gemüse garnieren.

KALBFLEISCH-KROKETTEN MIT SAUCE TARTARE

ZUTATEN

250 g Kalbfleisch

SUPPE

200 g Wurzelgemüse
(Karotten, Petersilienwurzel,
Sellerie)
1 Kräuterstrauß (Petersilienstängel, Lauchgrün)
1 Zwiebel
Salz
1 TL Pfefferkörner
½ Lorbeerblatt

20 g Zwiebel
60 g Butter
60 g Mehl
¼ l Milch
2 Eier
Salz
Pfeffer
Muskat
Petersilie
Mehl
Eier
Brösel
Backfett

Kalbfleisch wie eine Rindsuppe zustellen und weich kochen. Auskühlen lassen und fein faschieren. Die Zwiebel fein schneiden, in Butter glasig rösten, mit Mehl stauben und mit Milch aufgießen. 20 Min. verkochen lassen. Mit dem faschierten Kalbfleisch verrühren und die Eier beifügen. Mit Salz, Pfeffer, Muskat und gehackter Petersilie würzen.

Die Masse auf ein leicht geöltes Blech streichen und kalt stellen, damit sie fest wird. In Rechtecke schneiden. Mit Mehl, Ei, Brösel panieren und in Öl backen.

TIPP

Klassische Beilagen:
Sauce Tartare, grüner Blattsalat

WACHTELEIKNÖDEL AUF STEINPILZEN

ZUTATEN

500 g mehlige Erdäpfel

200 g griffiges Mehl

70 g Butter

4 Eidotter

Salz

Muskat

16 Wachteleier

16 Blätter Blattspinat

5 Steinpilze

2 cl Olivenöl

Salz

½ Bd Petersilie

50 g Butter

Die Erdäpfel weich kochen, schälen und passieren. Mit griffigem Mehl, der flüssigen Butter, den Dottern, Salz und geriebener Muskatnuss zu einem Teig kneten. Die Wachteleier 2 Min. kochen, kalt abschrecken und die Eierschale entfernen. Die Spinatblätter in kochendem Wasser kurz überkochen und in Eiswasser abschrecken.

Die Wachteleier mit den Spinatblättern einwickeln und mit etwas Teig umhüllen, runde Knödel formen und in leicht wallendem Salzwasser ca. 6 Min. ziehen lassen.

Die Steinpilze putzen und in Scheiben schneiden, in heißem Olivenöl kurz anbraten und salzen. Petersilie fein hacken und in der Butter kurz schwenken. Die gegarten Knödel darin kurz durchrollen und auf den Steinpilzen anrichten.

Hauptspeisen

Das Rindfleisch

Hauptlieferant für die Fleischversorgung der Kaiserstadt war das Rind. Rindfleisch zählte bereits seit dem Mittelalter zu den wichtigsten und zur damaligen Zeit billigsten Lebensmitteln der städtischen Bevölkerung. Damals wurden nur ganze Rinderhälften verkauft und die KöchInnen zerteilten diese selbst. Das Zerlegen des Rindes nach Wiener-Art galt als wahre Kunst.

Zu den Besonderheiten der höfischen Küche zählt das gekochte Rindfleisch. Während viele Speisen der Alt-Wiener Küche aus den Kronländern bzw. Ungarn stammen, ist das gesottene Rindfleisch eine originäre Wiener Spezialität. Gekochtes Rindfleisch zählte schon zu Beginn

des 19. Jahrhunderts zum Standard der kaiserlichen Hofküche. Seine größte Bekanntheit erlangte das Siedefleisch durch Kaiser Franz Joseph. Als sparsamer Mensch und genügsamer Esser stand gekochtes Rindfleisch mit unterschiedlichen Beilagen bald täglich auf seinem Speiseplan.

Vom Kaiserlichen Hof fand das eher schlichte Gericht über Dienstboten den Weg in bürgerliche Häuser. Die Wiener BürgerInnen ahmten die Essgewohnheit des Kaisers nach, weil man sich auch beim Essen gerne nach dem Hof richtete.

Es ist bekannt, dass Kaiser Franz Joseph I bei jedem Gang sehr rasch und nur wenig aß. Die strenge Hofetikette verlangte, dass niemand mehr essen durfte, wenn der Kaiser das Besteck weggelegt hatte. Die hohen k.u.k. Militärs, die an die Hoftafel geladen waren, warteten aber manchmal noch auf ihre Suppe. Sie kehrten anschließend ins berühmte Hotel Sacher ein, um ihren Hunger zu stillen. Der Legende nach ließ Anna Sacher ein Gericht vorbereiten, das ewig vor sich hin kochen konnte und dabei noch besser wurde – den Tafelspitz.

ENTRECÔTE AUERSPERG

ZUTATEN

600 g Niedere Beiried
Salz
Pfeffer
Worcestershiresauce
2 cl Öl
30 g Butter
120 g Rindermark
120 g Champignons
100 g Bergkäse

DUXELLES

100 g Zwiebel
50 g Butter
100 g Champignons
20 g Tomatenmark
½ Bd Petersilie
⅛ l Rotwein
¼ l Rindsbratensauce
Salz
Pfeffer

Das Niedere Beiried zu 150 g großen Portionen schneiden, leicht klopfen und die Ränder einschneiden. Mit Salz, Pfeffer und Worcestershiresauce würzen, halb englisch beidseitig rasch braten, in eine mit Butter bestrichene feuerfeste Form legen, mit Rindermarkscheiben und Scheiben von Champignons dachziegelartig belegen, mit Duxelles überziehen und mit geriebenem Käse bestreuen. Flüssige Butter auf den Käse träufeln und im Rohr bei 220° C überbacken.

DUXELLES

Zwiebeln fein schneiden, in Butter anrösten, feingehackte Champignons zugeben und braun rösten. Tomatenmark beifügen, kurz durchrösten, gehackte Petersilie und eventuell andere Kräuter beifügen, durchrösten. Mit Rotwein ablöschen und mit Rindsbratensauce aufgießen. Dick einkochen lassen, mit Salz und Pfeffer abschmecken.

GEDÜNSTETER ESTERHAZY-ROSTBRATEN

ZUTATEN

600 g Rostbratenried

Salz

Pfeffer

40 ml Öl

⅛ l Rotwein

½ l Brauner Fond

200 g Wurzelgemüse (Karotten, Sellerie, gelbe Rüben)

50 g Zwiebel

20 g Butter

⅛ l Sauerrahm

20 g Mehl

Senf

10 g Kapern

1 Zitrone

½ Bd Petersilie

Rostbratenried in Portionen schneiden, leicht klopfen, an den Rändern einschneiden, mit Salz und Pfeffer würzen. Öl heiß werden lassen, die Rostbraten braun anbraten. Den Bratenrückstand mit Rotwein ablöschen, mit Braunem Fond aufgießen und die Rostbraten 30 Min. dünsten lassen. Wurzelgemüse und Zwiebeln nudelig schneiden, in Butter anrösten, zum Fleisch geben und weich dünsten. Sauerrahm, Mehl und Senf gut verrühren, die Sauce damit binden.

Kapern, Zitronenzeste und Petersilie fein hacken und beim Anrichten darüberstreuen.

WISSENSWERTES

Der Name ist auf die ungarische Magnatenfamilie Esterházy zurückzuführen. Bei der Zubereitung des Bratens soll es sich um einen Zufall gehandelt haben: Für ein Diner auf Schloss Esterházy in Ungarn war vorgesehen, den Braten mit Trüffeln zu garnieren. Diese trafen aber nicht rechtzeitig im Schloss ein. Die fürstlichen Köche gaben in ihrer Not Wurzelgemüse zum Braten und verfeinerten es mit Kapern und Sardellen. Das neue Gericht überzeugte bei Hof.

TIPP

Klassische Beilagen: Nudeln, Semmelknödel oder Serviettenknödel

FASCHIERTE BUTTERSCHNITZEL

ZUTATEN

2 Semmeln

⅛ l Milch

500 g Kalbfleisch

Salz

Muskat

¹⁄₁₆ l Obers

2 Dotter

60 g Butter

⅜ l Kalbsbratensaft

Semmeln entrinden, in Scheiben schneiden und in kalter Milch einweichen, gut auspressen und mit dem Kalbfleisch fein faschieren. Mit Salz und Muskat würzen, mit Obers und Dotter binden, fingerdicke, ovale Schnitzel formen, in gut aufgeschäumter Butter sehr rasch anbraten und dann langsam auf beiden Seiten goldbraun braten.

Den Bratenrückstand mit Kalbsjus ablöschen, kurz verkochen lassen, abschmecken und zum Butterschnitzel servieren.

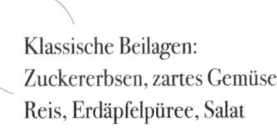

TIPP

Klassische Beilagen:
Zuckererbsen, zartes Gemüse,
Reis, Erdäpfelpüree, Salat

GEBRATENER SPANFERKELRÜCKEN

ZUTATEN

1 Spanferkelrücken
Kümmel
4 Knoblauchzehen
Salz
Pfeffer
200 g Wurzelwerk
900 g Erdäpfel
½ l Rindsuppe

In einer Pfanne fingerhoch Wasser aufkochen. Spanferkelrücken mit der Schwarte nach unten einlegen, einige Minuten lang kochen. Fleisch herausheben und die Schwarte einschneiden. Mit Kümmel, Knoblauch, Salz und ein wenig Pfeffer rundherum einreiben. Wurzelwerk waschen, schälen und kleinwürfelig schneiden und mit den Spanferkelknochen in die Pfanne geben, den Spanferkelrücken darauf setzen und im Rohr bei 180° C 2,5 Std. braten. Währenddessen öfter mit Wasser untergießen.

Erdäpfel in Salzwasser nicht zu weich kochen, abseihen, schälen und vierteln. 15 Min. vor dem Ende der Bratzeit des Spanferkelrückens dazugeben und mitbraten.

Den fertig gebratenen Spanferkelrücken aus der Pfanne heben und mindestens 10 Min. lang an warmer Stelle rasten lassen. Den Bratrückstand mit Rindsuppe auffüllen, die Flüssigkeit zur Hälfte verkochen lassen, abschmecken und abseihen.

TIPP

Beilage:
Weinkraut

WISSENSWERTES

Der Schweinsbraten durfte bis ins 19. Jahrhundert bei keinem Festessen fehlen, sei es auf Hochzeiten oder bei einer Kirchenweih', zu Weihnachten, Neujahr, Ostern, Pfingsten oder Martini. Der Schweinsbraten war damals das teuerste Fleischgericht. Er kostete um 1800 rund ein Drittel mehr als ein Kalbsbraten.

GLACIERTE KALBSVÖGERL

3 hintere Kalbsstelzen

250 g grüner Speck

Salz

80 g Butter

400 g Röstgemüse (Karotten, Sellerie, Petersilienwurzel)

60 g Zwiebel

50 g Mehl

1/16 l Weißwein

1/2 l Brauner Fond

Kalbsstelzen auslösen, in Portionsstücke teilen und Häute abziehen. Mit Speck spicken, mit einem Spagat binden und mit Salz würzen. In aufgeschäumter Butter anbraten, umstechen. Im Bratrückstand Fleischabschnitte, Speckreste, Röstgemüse und Zwiebeln anrösten, mit Mehl stauben, gut braun rösten, mit Weißwein ablöschen und mit Braunem Fond aufgießen.

Vögerl einlegen und zugedeckt weich dünsten. Aus der Sauce umstechen, Spagat entfernen und die Sauce passieren.

Beim Anrichten die Sauce zuerst auf den Teller gießen, dann die in Scheiben geschnittenen Vögerl auflegen.

GEFÜLLTE PAPRIKA MIT LAMMFLEISCH

ZUTATEN

FÜLLE

100 g Zwiebel

2 Knoblauchzehen

3 cl Olivenöl

1 Thymianzweig

600 g Lamm-Faschiertes

⅛ l Schlagobers

50 g Semmelbrösel

Senf

120 g Schafkäse

8 Paprika

4 Tomaten

4 cl Olivenöl

1 Thymianzweig

FÜLLE

Fein geschnittene Zwiebeln und Knoblauch im Öl glasig anschwitzen. Thymianblättchen zugeben und kurz mitgaren, abkühlen lassen. Faschiertes mit Obers, Bröseln, Senf und der Zwiebelmischung gut verrühren. Käse in kleine Stücke schneiden und unterrühren. Masse würzen.

Paprika waschen. Deckel abschneiden, Kerne entfernen. Paprika mit Faschiertem füllen, Deckel darauf setzen.

Tomaten in 2 cm große Stücke schneiden, mit Öl und Thymian vermischen und in einer Form verteilen. Paprika darauf setzen und 30 Min. bei 180° C im Rohr braten.

HIRSCHROULADE WIENERWALD

ZUTATEN
FÜR 6 PORTIONEN

1 kg Hirschrückenfilet
Salz
Pfeffer
½ EL Senf

FÜLLE

100 g Selchspeck
2 Gewürzgurken
5 Kapern
50 g Butter
150 g Pilze (Steinpilze,
Eierschwammerln oder
Champignons)
100 g Zwiebel
Salz
Pfeffer

SAUCE

150 g gemischtes
Wurzelwerk
30 g Öl
100 g Zwiebel
⅛ l Rotwein
¼ l Wildfond
4 Wacholderbeeren
1 Lorbeerblatt
Koriander
5 Pfefferkörner
1 Zitronenscheibe
¼ l Sauerrahm
30 g Mehl
1 EL Ribiselgelee

Das Rückenfilet zuputzen, in der Längsrichtung wie eine Roulade aufschneiden, auseinanderbreiten und möglichst flach klopfen. Salzen, pfeffern und mit Senf bestreichen.

FÜLLE

Kleinwürfelig geschnittenen Selchspeck, Gewürzgurken, Kapern, geschnittene, in Butter gedämpfte Pilze und klein-geschnittene, angeschwitzte Zwiebeln vermischen, auf das Fleisch streichen, straff zusammenrollen und binden. Mit Salz und Pfeffer würzen und in Öl anbraten.

SAUCE

Das geschnittene Wurzelwerk beigeben, die würfeligen Zwiebeln mitrösten und mit Rotwein ablöschen. Jetzt die Gewürze und ⅛ l Wildfond beigeben und im Rohr bei 160° C fertig dünsten. Wenn das Fleisch fast weich ist, die Sauce mit Sauerrahm und Mehl binden und fertigdünsten lassen. Mit Ribiselgelee abschmecken und passieren.

Roulade aufschneiden und mit Sauce umkränzen.

TIPP

Klassische Beilagen:
halbe gedünstete Äpfel, die mit Ribiselgelee gefüllt wurden, Kohlsprossen und Serviettenknödel

KAISERGULYAS

ZUTATEN

750 g Kalbfleisch

200 g Zwiebel

75 g Speck fett

30 g Paprikapulver

½ Zitrone

1 TL Kapern

2 cm Ingwer

0,4 l Suppe

⅛ l Sauerrahm

1 EL Mehl

Salz

weißer Pfeffer

2 TL Zitronensaft

Fleisch in 2 cm große Würfel, Zwiebeln und Speck in feine Würfel schneiden. Speck anrösten, Zwiebeln hinzufügen, kurz durchrösten, Paprikapulver beifügen und kurz durch-rühren. Fleisch zugeben und von allen Seiten anbraten. Mit Salz und Pfeffer würzen.

Zitronenschale fein hacken, mit Kapern und Ingwer zum Fleisch geben, 5 Min. dünsten lassen. Suppe angießen, weich dünsten lassen. Sauerrahm mit Mehl glatt rühren und das Gulyas damit binden. Mit Salz, Pfeffer und Zitronensaft abschmecken.

WISSENSWERTES

Das „gulyás hús" galt im 17. und 18. Jahrhundert als ungarisches Nationalgericht, wurde aber früher hauptsächlich von der bäuerlichen Bevölkerung gegessen. Im Zuge des aufkeimenden Nationalbewusst-seins übernahm die gehobene Gesellschaft dieses Gericht in ihre Küche, das Gulasch kam in Mode. Anfang des 19. Jahrhunderts ge-langte es über Pressburg, der damaligen Hauptstadt Ungarns, nach Wien, wo es modifiziert und auf Wiener Art zubereitet wurde. Um die Mitte des 19. Jahrhunderts entwickelte sich das Wiener Gulasch bereits zu einem Standardgericht der Wiener Küche. Aufgrund der engen Ver-bindung zwischen Ungarn und Österreich reimportierten die Ungarn das Gulasch wieder in seine ursprüngliche Heimat und nannten es, um Verwechslungen mit dem ursprünglichen ungarischen Suppengericht „gulyás" erst gar nicht aufkommen zu lassen, „pörkölt". Heute versteht man in Ungarn unter „gulyás" eine Suppe, während das „pörkölt" („Angeröstetes") dickflüssig ist und am ehesten dem Wiener Gulasch entspricht.

TIPP

Beilage:
Gedünsteter Tarhonya

KANINCHEN-FRIKASSEE

ZUTATEN

800 g Kaninchenkeulen

150 g Karotten, gelbe Rüben, Sellerieknollen

Salz

4 Pfefferkörner

30 g Butter

30 g Mehl

50 g Erbsen

½ Karfiolrose

100 g Champignons

⅛ l Obers

1 Dotter

Petersilie

Kaninchenkeulen auslösen, in Würfel schneiden, mit kaltem Wasser knapp bedecken, geschältes Wurzelwerk, wenig Salz und Pfefferkörner beigeben. Zugedeckt schwach kochen lassen, bis die Wurzeln weich sind. Wurzeln herausnehmen und in Würfel schneiden.

Aus Butter und Mehl eine Einbrenn herstellen, mit dem Kochfond aufgießen, kurz verkochen lassen, passieren und abschmecken. Das Fleisch, die Wurzeln und das gekochte Gemüse (Champignons kurz in Butter andünsten) beifügen. Obers und Dotter verrühren und die Sauce damit vollenden.

Beim Anrichten mit gehackter Petersilie bestreuen.

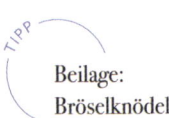

TIPP

Beilage:
Bröselknödel

MAISPOULARDENBRUST AUF EIERSCHWAMMERL-RISOTTO

ZUTATEN

4 Maispoulardenbrüste
Salz
Pfeffer
4 Speckscheiben

RISOTTO

500 g Rundkornreis
2 Knoblauchzehen
80 g Schalotten
1 Olivenöl
¼ l Weißwein
1 l Gemüsefond
500 g Eierschwammerl
Salz
Pfeffer
Schnittlauch
Muskat
100 g Parmesan
150 g Schlagobers

HÜHNERBRÜSTE

Die Maispoulardenbrüste mit Salz und Pfeffer würzen, in Speck einrollen, in der Pfanne anbraten, wenden und auf der Hautseite im Rohr bei 180° C garen.

RISOTTO

Knoblauch und Schalotten fein schneiden, in Olivenöl glasig rösten, den Reis beifügen, kurz durchrühren. Mit Weißwein ablöschen und mit Gemüsefond nach und nach auffüllen und dabei immer gut rühren. Eierschwammerl putzen, große halbieren. Eine Schalotte klein schneiden und in Olivenöl anschwitzen. Die Pilze dazugeben, mit Salz und Pfeffer würzen und etwas fein geschnittenen Schnittlauch unterrühren. In das fertig gegarte Risotto die Pilze geben, mit Muskat abschmecken. Parmesan und das geschlagene Obers einrühren.

PRAGER ROULADE

ZUTATEN

ROULADE

600 g Schweinsschlögel

Salz

Pfeffer

120 g Zwiebel

50 g Schmalz

½ l Brauner Fond

30 g Mehl

50 g Wurst

50 g gekochte Erbsen

4 Eier

SCHINKENREIS

250 g Langkornreis

100 g Schinken

50 g Zwiebel

50 g Butter

Salz

Den Schweinsschlögel in Schnitzel schneiden, leicht klopfen und mit Salz und Pfeffer würzen. Die Fülle auf das Fleisch verteilen, einrollen und mit einem Faden binden. Die Zwiebeln fein schneiden und mit den Rouladen im heißen Schmalz anbraten, mit Braunem Fond aufgießen und langsam dünsten lassen.

Die Rouladen herausnehmen und den Faden entfernen. Die Sauce mit einer Einbrenn verdicken und mindestens 20 Min. köcheln lassen. Vor dem Servieren die Sauce passieren und abschmecken.

FÜLLE

Die Wurst klein schneiden, kurz anbraten, Erbsen dazugeben, mit den Eiern übergießen und wie ein Omelette eindicken lassen.

SCHINKENREIS

Den Reis dünsten. Die geschnittenen Schinkenwürfel und die fein gehackten Zwiebeln in Butter anschwitzen, salzen und mit dem fertigen Reis vermischen.

REHPFEFFER

ZUTATEN
FÜR 8 PORTIONEN

1,4 kg Fleisch von Schulter
oder Hals
40 g Schmalz
50 g Selchspeck
50 g Mehl
½ l Wildfond
1 EL Senf
1 EL Preiselbeerkompott

BEIZE

¼ l Wasser
1/16 l Essig (3 %)
150 g Wurzelwerk
100 g Zwiebel
5 Pfefferkörner
3 Wacholderbeeren
1 Lorbeerblatt
2 Thymianzweige
4 Korianderkörner
3 Petersilstengel
2 Zitronenscheiben
⅛ l Rotwein

GARNITUR

18 Schalotten
50 g Butter
180 g Champignons
4 dicke Scheiben mageren
Selchspeck

Das ausgelöste Fleisch in ragoutgroße Stücke schneiden, in eine Schüssel geben und mit der kalten Beize bedecken, mit etwas Öl abschließen. Mit einem Teller beschweren und ca. 24 Std. beizen. Das Fleisch aus der Beize heben und gut abtropfen lassen.

In Schmalz den würfelig geschnittenen Selchspeck (auch Schwarte) anrösten, das Fleisch beigegeben und weiter scharf anrösten. Dann Zwiebeln und Wurzelwerk von der Beize nicht zu dunkel mitrösten. Mit Mehl stauben, gut durchrösten, mit der Marinade sowie Wildfond aufgießen und das Fleisch langsam weich dünsten. Wenn das Fleisch weich ist, umstechen, die Sauce mit Senf und den Preiselbeeren abschmecken und über das Fleisch fein passieren.

Beim Anrichten mit glasierten Schalotten, in Butter gerösteten, blättrig geschnittenen Champignons und gerösteten Speckstreifen garnieren.

BEIZE
Wasser und Essig mit blättrig geschnittenem Wurzelwerk und Zwiebeln, den Gewürzen und Zitronenscheiben 10 Min. kochen. Ausgekühlt mit dem Rotwein vermischen.

TIPP

Klassische Beilagen:
Servietten-, Semmel- oder
Grießknödel, Grießstrudel

WISSENSWERTES

Bei jedem Menü wird traditionell Wild serviert, das zudem noch den Vorteil besitzt, kalorienarm zu sein.

GEKOCHTER TAFELSPITZ

800 g Rindsknochen

200 g Rindfleischabschnitte

50 g Milz

50 g Leber

2 Lorbeerblätter

10 Pfefferkörner

1,2 kg Tafelspitz

200 g Wurzelgemüse

1 Zwiebel

1 Kräuterstrauß (Petersil-
stängel, Lauch)

Salz

Schnittlauch

Rindsknochen und Rindfleischabschnitte kurz überkochen und mit kaltem Wasser abschrecken. Die Knochen und die Abschnitte mit Milz und Leber in kaltem Wasser ansetzen. Aufkochen lassen und den Schaum abschöpfen. Lorbeerblätter, Pfefferkörner und Tafelspitz dazugeben. 1 Std. vor Beendigung der Kochzeit das Wurzelgemüse, die gebräunte Zwiebel mit Schale und den Kräuterstrauß beifügen.

Nach der Garzeit das Fleisch herausnehmen, warm stellen und die Suppe durch ein Passiertuch seihen.

Das Fleisch beim Anrichten mit Salz und Schnittlauch bestreuen und mit etwas Rindsuppe übergießen.

TIPP

Klassische Beilagen:
Rösterdäpfel, Gestürzte Erdäpfel,
kalte Saucen (z. B. Schnittlauch-
sauce, Apfelkren) Semmelkren,
Gemüse (zumeist auf Wiener Art)
und Salate

WIENER SCHNITZEL

ZUTATEN

600 g Kalbsschnitzel

Salz

100 g Mehl

2 Eier

250 g Brösel

Pflanzenöl zum Ausbacken

4 Zitronenspalten

½ Bd Petersilie

Fleisch dünn klopfen, mit Salz würzen. Dann zuerst in Mehl, verquirlten Eiern und zum Schluss in Brösel wenden.

In Pflanzenöl auf beiden Seiten schwimmend goldbraun backen. Danach auf Küchenpapier abtropfen lassen. Mit Zitronenspalte und gebackener Petersilie servieren.

WISSENSWERTES

Das Wiener Schnitzel gehört zu den bekanntesten Spezialitäten der Wiener Küche und gilt als Lieblingsspeise der österreichischen Bevölkerung. Unbestätigten Quellen zufolge soll das Rezept aus Italien stammen. Feldmarschall Radetzky soll Mitte des 19. Jahrhunderts Bekanntschaft mit dem Mailänder Kotelett gemacht haben und so begeistert gewesen sein, dass er bei seinem militärischen Bericht an den Kaiser auch von dieser Speise berichtet hat. So hielt das Schnitzel bald Einzug am Wiener Hof und eroberte von dort aus bald das ganze Kaiserreich. Heute wird es traditionell mit Preiselbeermarmelade und Erdäpfelsalat serviert. Kaiser Franz bevorzugte allerdings Erdäpfelpüree zu seinem Schnitzel.

TIPP

Beilage:
Erdäpfelsalat mit Vogerlsalat

ZNAIMER ROSTBRATEN

ZUTATEN

600 g Beiried
Salz
Pfeffer
50 g Schweineschmalz
150 g Zwiebel
⅛ l Rotwein
½ l Brauner Fond
⅛ l Sauerrahm
Senf
40 g Mehl
120 g Salzgurken

Das Fleisch in Portionen schneiden, salzen, pfeffern und kurz beidseitig anbraten und warm stellen. Die fein geschnittenen Zwiebeln im Bratrückstand goldgelb anrösten, mit Rotwein ablöschen und mit Braunem Fond aufgießen. Das Fleisch wieder beifügen und dünsten lassen. Sobald das Fleisch weich ist, herausnehmen, die Sauce mit verrührtem Sauerrahm, Senf und Mehl binden, aufkochen lassen und abschmecken.

Den Rostbraten auf Teller legen, mit Sauce übergießen und mit den in Streifen geschnittenen Salzgurken und Sauerrahm servieren.

WISSENSWERTES

Der Znaimer Rostbraten ist ein gutbürgerliches Gericht der Böhmischen Küche, das heute auf österreichischen Speisekarten nicht mehr oft zu finden ist. Traditionell wird er mit einem fächerförmig geschnittenem Gurkerl garniert.

Desserts

MARMORGUGELHUPF

80 g Butter

70 g Öl

100 g Staubzucker

etwas abgeriebene

Zitronenschale

½ Pkg. Vanillezucker

4 Eidotter

60 g Mehl

10 g Backpulver

125 ml Milch

4 Eiklar

100 g Kristallzucker

60 g Kochschokolade

200 g Mehl

Butter und Mehl für die

Form

Staubzucker

Butter mit Öl, gesiebtem Staubzucker, geriebener Zitronen-schale, Vanillezucker und Dotter schaumig rühren. Mehl mit Backpulver versieben und abwechselnd mit der Milch in die Masse rühren. Eiklar mit Kristallzucker zu Schnee schlagen. Kochschokolade im Wasserbad erweichen und in die Hälfte der Masse einrühren.

Eischnee auf beide Massen aufteilen und jeweils die halbe Mehlmenge darunter heben. Die Massen abwechselnd in eine mit Butter ausgestrichene, mit Mehl ausgestaubte Gugelhupfform füllen und im vorgeheizten Backrohr bei 170 °C etwa 60 Minuten backen.

Auf ein Gitter stürzen und überkühlt anzuckern.

SCHOKOGUPF MIT SCHLAG

1 ½ Semmeln

⅛ l Milch

80 g Butter

30 g Staubzucker

4 Eidotter

60 g Kochschokolade

4 Eiklar

60 g Kristallzucker

30 g Semmelbrösel

50 g geriebene Walnüsse

Butter

Staubzucker

Schokoladesauce

¼ l Schlagobers

Semmeln entrinden, in Scheiben schneiden und in Milch einweichen.

Die weiche Butter mit gesiebtem Staubzucker schaumig rühren. Dotter nach und nach dazugeben, die gut ausgedrückten und passierten Semmeln und die aufgelöste Schokolade einrühren. Eiklar mit Kristallzucker zu Schnee schlagen, unter den Butterabtrieb heben und die mit den Semmelbröseln vermischten Walnüsse unterheben.

Die Masse mit einem Dressiersack in bebutterte, mit Staubzucker ausgestreute Puddingformen einfüllen und in eine feuerfeste Pfanne stellen. Diese mit kochendem Wasser 2 cm hoch auffüllen und im vorgeheizten Backrohr bei 170 °C ca. 40 Min. garen.

Aus den Formen stürzen, mit Schokoladesauce übergießen und mit Schlagobers garnieren.

ZWETSCHKEN-KNÖDEL

400 g Zwetschken

12 Stück Würfelzucker

500 g Erdäpfel

400 g Topfen

150 g Mehl

2 EL Grieß

2 EL Butter

Salz

3 EL Kristallzucker

4 EL Butter

250 g Semmelbrösel

Staubzucker zum Bestreuen

Zwetschken entkernen und anstelle des Kernes mit einem Stück Würfelzucker füllen.

Die gekochten Erdäpfel noch heiß passieren und mit dem Topfen, Mehl, Grieß, Butter und Salz zu einem Teig verkneten und 30 Min. im Kühlschrank rasten lassen.

Eine Rolle formen und in gleich große Stücke schneiden. Auseinanderdrücken, mit einer Zwetschke belegen und zu Knödeln formen.

Wasser mit Salz und Zucker aufkochen, Knödel darin ca. 15 Min. leicht köcheln lassen.

Die Butter schmelzen lassen, die Semmelbrösel kurz anrösten und die Zwetschkenknödel darin wälzen. Mit Staubzucker bestreuen.

PALATSCHINKEN

TEIG

140 g Mehl

2 Eier

1 Eidotter

Vanillezucker

Salz

¼ l Milch

Öl oder Butterschmalz

zum Backen

MARILLENFÜLLUNG

300 g Marillenkonfitüre

Rum

Staubzucker

TOPFENFÜLLUNG

50 g Butter

30 g Staubzucker

Vanillezucker

Zitronenschale

3 Eidotter

⅛ l Sauerrahm

250 g Topfen (10 %)

3 Eiklar

40 g Kristallzucker

30 g Rosinen

⅛ l Milch

1 Ei

1 Eidotter

30 g Kristallzucker

3 EL Sauerrahm

Staubzucker

TEIG

Mehl, Eier, Dotter, Vanillezucker, Salz und etwas Milch mit einem Schneebesen glatt rühren. Restliche Milch nach und nach unterrühren, sodass ein dünnflüssiger Teig entsteht. Durch ein Sieb streichen und ca. 20 Min. rasten lassen, notfalls mit Milch verdünnen.

Öl oder Butterschmalz in einer Pfanne erhitzen (überschüssiges Fett abgießen). Soviel Teig eingießen, dass sich beim Schwenken der Pfanne der Teig gleichmäßig dünn über dem Pfannenboden verteilt. Bei mäßiger Hitze die Palatschinken auf beiden Seiten hellbraun backen und übereinandergelegt warm stellen.

MARILLENFÜLLUNG

Marillenkonfitüre passieren und mit etwas Rum abschmecken. Palatschinken damit bestreichen, einrollen und mit Staubzucker bestreuen.

TOPFENFÜLLUNG

Die weiche Butter mit gesiebtem Staubzucker, Vanillezucker und geriebener Zitronenschale schaumig rühren. Dotter, Sauerrahm und den passierten Topfen dazugeben. Eiklar mit Kristallzucker zu Schnee schlagen, unter die Topfenmasse heben und die Rosinen einrühren.

Palatschinken mit der Topfenmasse füllen, einrollen und halbieren, in eine bebutterte Backform mit der Schnittfläche nach oben schindelartig einlegen. Im vorgeheizten Backrohr bei 180 °C ca. 10 Min. anbacken. Für den Überguss alle Zutaten versprudeln, über die Palatschinken gießen und ca. 15 Min. fertig backen.

Portionieren und angezuckert servieren.

KAISERSCHMARRN

200 ml Milch

120 g Mehl

Salz

Zitronenschale

Vanillezucker

4 Eidotter

50 g Kristallzucker

4 Eiklar

50 g Butter

Rosinen

Staubzucker

Milch mit Mehl, Salz, geriebener Zitronenschale, Vanillezucker und Dotter zu einem glatten Teig verrühren und das mit Kristallzucker zu Schnee geschlagene Eiklar unterheben.

In einer Pfanne Butter erhitzen und den Teig ca. 3 cm hoch eingießen. Rosinen darauf streuen und auf kleiner Flamme langsam anbacken. Sobald die untere Seite Farbe genommen hat, den Schmarren halbieren, wenden und im vorgeheizten Backrohr bei 180 °C ca. 15 Min. fertig backen.

Danach mit zwei Paletten in 3 cm große, unregelmäßige Stücke reißen, etwas flüssige Butter dazugeben und nochmals kurz ins Backrohr stellen. Auf Teller anrichten und anzuckern.

TIPP

Klassische Beilagen:
Kompott, Apfelmus oder
Zwetschkenröster